产品创新与技术融合

王媛／著

湖南科学技术出版社
·长沙·

图书在版编目（CIP）数据
产品创新与技术融合 / 王媛著. — 长沙 : 湖南科学技术出版社, 2024. 9. -- ISBN 978-7-5710-3259-3
Ⅰ. F273.2
中国国家版本馆CIP数据核字第2024CP1686号

CHANPIN CHUANGXIN YU JISHU RONGHE
产品创新与技术融合

著　　者：王　媛
出 版 人：潘晓山
出 品 人：一　航
选题策划：航一文化
出版统筹：康天毅
责任编辑：李文瑶　梁　蕾　王舒欣　刘玥伶
责任美编：刘　谊
特约编辑：赵　婷
装帧设计：罗佩佩
出版发行：湖南科学技术出版社
社　　址：长沙市芙蓉中路一段416号泊富国际金融中心
网　　址：http://www.hnstp.com
湖南科学技术出版社天猫旗舰店网址：
http://hnkjcbs.tmall.com
邮购联系：本社直销科 0731-84375808
印　　刷：三河市嘉科万达彩色印刷有限公司
（印装质量问题请直接与本厂联系）
厂　　址：三河市泃阳镇三香路东侧
邮　　编：065299
版　　次：2024年9月第1版
印　　次：2024年9月第1次印刷
开　　本：710mm × 1000mm　1/16
印　　张：13
字　　数：185千字
书　　号：ISBN 978-7-5710-3259-3
定　　价：68.00元

序

创新是引领发展的第一动力，是经济增长的新动能。强化企业创新主体地位，是加快科技成果向现实生产力转化，推动实现高质量发展的关键举措。党的二十大报告对强化企业科技创新主体地位作出重要部署。

2023 年 4 月 21 日习近平总书记主持召开二十届中央全面深化改革委员会第一次会议，会议指出“强化企业科技创新主体地位，是深化科技体制改革、推动实现高水平科技自立自强的关键举措”。

当前，随着新一轮科技革命和产业变革的持续推进，以人工智能、区块链、云计算、大数据等为代表的新一代信息技术与各行各业的深度融合，不仅实现了对产业全方位、全链条、全周期的渗透和赋能，而且推动着人类生产、生活和生态的深刻变化。跨领域技术融合作为技术革命性突破与产业转型升级的新增长点，已成为企业突破技术制约、应对市场变革、实现创新发展的关键出路。

比如生物技术与纳米技术的深度融合而产生的全新生物纳米技术为生物芯片、分子马达、生物探针等突破性新产品打开了研发和市场空间。

再比如互联网技术和信息通信技术融合而产生的“互联网金融”创造了支付、资金融通和信息中介服务等新型金融业务模式。

因此，科学客观地分析跨领域技术融合的创新机制对引导技术范式转变和企业产品创新具有非常重要的现实意义和科学价值，同时也可以引导我们思考如何从技术的本质和技术的底层逻辑出发提升我国企业自主创新能力，促进新质生产力发展。

前　言

自21世纪以来，信息、生物、新能源、新材料等学科技术的多点融合与交叉突破为新一轮科技革命和产业变革奠定了基础，科技对经济社会各领域的渗透性、扩散性不断增强，重大颠覆性技术创新不断涌现。随着新一代信息技术与各行各业的深度融合，产品创新日益向多样化、复合化、智能化和微型化方向发展。技术融合作为技术革命性突破与产业转型升级的新增长点，已成为企业突破技术制约、应对市场变革、实现创新发展的关键出路。然而，由于融合现象固有的模糊性和复杂性，技术融合的测度与分析一直是学术界研究的难题，定量考察其对企业产品创新绩效的影响更是少有研究涉及。

本书首次基于技术创新体系化视角构建一个关于企业产品创新的系统性理论模型，将技术融合、技术标准、产品开发、外部市场与技术环境不确定性等纳入统一研究框架，结合技术演化理论、创新体系理论、资源依赖理论、交叉创新理论和标准经济学理论等，综合运用文献探讨、深度访谈、知识耦合结构分析与专利共现分析等混合研究方法，深层次剖析跨领域技术融合与产品创新之间的内在机制，以期从跨领域技术融合的创新视角引导我们思考如何通过技术革命性突破及产品创新促进产业转型升级。首先，本书将从技术的本质和技术进化机制的底层逻辑出发，系统剖析跨领域技术融合的形成与演化。其次，基于技术元素之间的关系特征，以及通过知识重组和外部知识不断获取的行为视角，来剖析不同技术融合模式与产品创新的作用机制，同时还将考察技术标准化在跨领域技术融合与产品创新之间存在的重要中介效应，以及在外部市场环境和技术环境影响下所带来的机遇和挑战。最后，通过收集我国汽车产业所有新能源汽车生产企业 2005—2017 年的专利、标准、新产品和企业性质的面板数据，对本书内容进行实证检验。在总结与讨论本书主要研究发现、研究结论及创新点的基础上，还将提出相应的管理启示与政策建议。

王媛

2024 年 6 月

目录

第二章　理论基础与文献综述

第一章　绪论

第一节　研究背景与研究意义

一、研究背景

自近代科学诞生以来，全球总共经历了五次科技革命，其中有两次是科学革命、三次是技术革命，三次技术革命连带催生了三次产业革命（工业革命）。从蒸汽技术革命、电力技术革命、计算机及信息技术革命到现在的全新技术革命，我们的生产和生活也陆续经历了机械化、电气化、自动化到现在的智能化。目前，由各领域技术交叉融合催生的第四次工业革命正在极大地改变社会组织结构和人们的生活方式，新技术不断渗透并扩散到经济社会的各领域，众多颠覆性技术创新随之涌现，致使新兴产业不断崛起。技术融合已成为第四次工业革命的核心动力，也是产业融合的重要标志。面临工业 4.0 的机遇和挑战，美国推出的“工业复兴计划”特别强调，要培育以大数据、互联网、3D 打印等先进交叉技术为前沿领域的创新研发中心与新工业体系。这一计划旨在推动美国制造业的转型升级，提升其全球竞争力，并在新技术和新经济模式下取得领先地位。随着信息技术的不断发展，大数据分析已成为优化制造流程、提高生产效率和预测市场需求的关键技术。通过对海量数据的收集、存储和分析，制造企业可以更好地优化供应链、产品设计和市场营销策略，实现智能化生产和精准化运营。互联网技术的应用也是工业复兴计划的重要组成部分。互联网的普及和工业互联网的兴起，使得制造业能够实现设备间的实时连接和数据共享，实现智能制造和远程监控，从而提高生产效率和灵活性。此外，3D 打印技术的引入将为制造业带来革命性的变化。通过 3D 打印，制造商可以实现更灵活的生产方式，缩短生产周期和减少物料浪费。这种技术还可以支持定制化生产，满足个性化需求，促进创新产品的开发和快速推向市场。工业复兴计划的核心目标之一是建立以这些先进交叉技术为基础的创新研发中心，聚焦推动前沿技术的研究和应用，培育新的工业标准和商业模式，加速科技成果向市场转化。德国发布的《工业 4.0 未来项目实施建议》和《工业 4.0 实施战略报告》中也明确提出要力推信息技术、智能技术与传统技术的深度融合以塑造物联网和智能工厂。我国首次提出的实施制造强国战略的第一个十年行动纲领《中国制造 2025》的核心思想，也是要加快推动新一代信息技术与制造技术深度融合的数字化、网络化、智能化制造，以改变我国传统制造业自主创新能力有限、产业结构落后的局面。世界多个重要经济体将技术融合上升为国家战略，正是由于技术融合往往引发一系列革命性创新，甚至创造全新的产业，对经济增长发挥着重要的推动作用。

自 21 世纪以来，信息、生物、新能源、新材料等学科技术知识的多方面突破与交叉融合为新一轮产业革命奠定了基础，技术融合成为新产业、新业态等快速崛起的重要标志，对新技术产品创新具有不可忽视的影响。最近几年，有关跨领域技术融合与产品创新之间的关系受到了理论界与实践界的广泛关注。艾莉西娅·梅因（Elicia Maine）等学者研究指出，很多革命性新药的成功研制本质上得益于生物技术与纳米技术的深度融合。斯蒂芬妮·布罗林（Stefanie Bröring）在研究功能性食品行业企业开展“创新前沿”时发现，由于存在“能力断层”，企业往往需要寻找跨产业合作伙伴，通过跨领域技术融合来推动混合产品创新。还有学者发现，科学与技术知识的融合对组织创新及其研发过程具有非常关键的影响。随着技术融合的重要性不断加强，越来越多的技术融合现象开始涌入我们的视野，如智能物流、微机电系统、生物信息学、信息通信技术等。然而，由于融合现象固有的模糊性和复杂性，如何分析并测量技术融合已成为国内外学者研究的难题，定量考察其对产品创新绩效的影响更是少有研究涉及，以往大部分学者关于技术融合的相关研究主要以定性描述为主，关于技术融合的测度也只是笼统地停留在技术融合度层面，主要涉及技术融合广度和技术融合深度。针对以上不足，本书基于技术的本质和技术进化的创新机制，从开放式创新背景出发，通过客观的数据和科学的方法围绕跨领域技术融合与企业产品创新绩效展开一系列实证研究。本书将结合技术创新、动态能力、资源依赖和标准经济学等理论，通过收集我国汽车产业所有新能源汽车生产企业2005—2017年的新产品数据、专利数据、标准数据和企业性质的数据作为研究样本，采用专利共现分析和计量经济模型等方法实证分析跨领域技术融合的形成及其对企业产品创新绩效的影响。

二、研究意义

各领域技术交叉融合正在推动产品创新日益向多样化、复合化、智能化和模块化方向迅速发展。技术融合不仅改变了产品的设计与制造方式，还深刻影响了整个产业生态系统的运作和发展。作为产业变革和产业发展的另一个新的决定性因素，技术融合已成为企业突破技术制约、应对市场变革、实现创新发展的关键出路。首先，技术融合将带来产品创新多样化，不同领域的技术相互融合，使得原本单一领域的产品可以具备多种功能和特性。其次，技术融合将推动产品复合化发展，不同技术融合使得产品将具备更加复杂和综合的特性。例如，医疗设备领域的技术融合让设备可以同时具备影像诊断、远程监控和数据分析等多重功能，能显著提高医疗服务的质量和效率。最后，不同技术模块的组合可以灵活搭配，加速产品开发和定制化生产。例如，工业制造中的模块化生产方式可以根据客户需求快速组装不同功能模块，实现个性化定制，提高了生产效率和灵活性。

综合上述分析发现，企业应当积极把握技术融合带来的机遇，不能再简单依靠传统单一技术发展模式，而应加强跨界合作与创新，拓宽原有知识范畴，通过跨领域技术融合捕捉更多跨市场战略机遇。比如，由生物技术与纳米技术融合而产生的全新生物纳米技术为生物芯片、分子马达、生物探针等突破性新产品打开了研发和市场空间。由互联网技术和信息通信技术融合而产生的“互联网金融”创造了支付、资金融通和信息中介服务等新型金融业务模式。又如，制药技术与食品制造技术融合创造的功能性食品产业，而制药技术与化妆品制造技术融合创造的药妆行业等。因此，科学客观地分析跨领域技术融合对于引导重大颠覆性技术创新和产品创新具有非常重要的研究意义和科学价值。

本书结合技术创新理论、资源依赖学、动态能力理论、标准经济学理论等，通过中国汽车产业所有新能源汽车生产企业样本数据对跨领域技术融合与企业产品创新绩效的影响展开了一系列研究。首先，基于技术的本质特征和进化机制分析了跨领域技术融合的形成与演化，并从技术元素之间的关系视角分别考察了互补性与替代性技术融合对企业产品创新绩效的影响；同时，从知识重组演变和外部知识不断获取的视角分析了旧技术重组融合与新技术渗透融合对企业产品创新绩效的影响。随后，基于技术跨领域融合创新的理论机制分析了技术标准化能力在跨领域技术融合与企业产品创新绩效之间的重要中介作用，以及外部市场动荡性和技术动荡性在跨领域技术融合与企业产品创新绩效之间的调节作用。其次，通过收集我国新能源汽车生产企业2005—2017年的所有专利、新产品、标准和企业性质的特征数据等，利用负二项回归模型对本书各假设进行实证分析。最后，在总结与讨论本书主要研究发现、研究结论及创新点的基础上，提出了相应的管理启示与政策建议。

第二节　研究对象与主要内容

一、跨领域技术融合的界定

技术的本质是对现象和需求进行有目的的编程，新技术的产生得益于不同领域技术不断组合进化、推陈出新的结果。技术融合是基于技术创新驱动和需求结构升级拉动所形成的不同领域技术一体化和技术边界不断模糊化的现象。在当今世界，技术创新已不再局限于传统单一的科学知识突破，而更多地涉及不同领域技术之间的交叉融合。这种交叉融合将推动跨学科、跨行业合作，像过去的技术创新主要局限于特定领域的专业知识和技术应用，现在不同领域技术相互交叉融合，将形成新的学科交叉领域，如生物医学工程等。这种跨学科融合将促进知识跨界传播和交流，激发全新的研究方向和发现。现代技术创新往往需要多个行业的专业知识和资源共同协作。例如，在智能交通领域，汽车制造商、信息技术公司和城市规划者之间的合作，极大推动了自动驾驶技术和智能交通系统的发展。另外，技术融合还将催生新的商业模式和产业生态系统，通过整合不同领域技术，企业可以提供更加综合和高附加值的产品和服务。

有学者在研究美国机床制造业技术变革过程中第一次提到技术融合，指出当科学知识在不同领域实现共享及互联互通时，技术融合得以产生，之后陆续有大量学者通过多方面研究不断深化和拓宽技术融合的概念与内涵，但由于各自研究的视角和出发点存在不同程度的差异，至今针对跨领域技术融合概念的界定仍然处在众说纷纭、莫衷一是的阶段。吉尔特·杜伊斯特斯（Duysters G）认为技术融合是原本相互独立的技术轨道随着技术知识的交叉融合逐渐变得模糊的过程。罗恩·阿德纳（Adner R）从融合提升效果的角度认为技术融合是将一个技术领域的方法应用于另一个技术领域，最终产生一种新的产品。大部分学者认为技术融合是两种或两种以上不同领域技术知识相互交叉渗透，逐渐整合成一种新技术的现象。比如，计算机科学与生物技术的融合创造的全新生物信息技术，力学与数字控制技术的融合造就的机电一体化技术等。但技术融合不仅仅是不同技术元素的简单组合或重组，更多的是在原有技术性能的基础上实现新的应用，进而结合现实需求开发新的市场。弗雷德里克·哈克林（Hacklin F）指出技术融合是一种基于技术组合结构重新调整和构建的技术创新方式，本质上是通过技术渗透、交叉、重组等方式激发技术基础结构的分解、重构和功能升级，从而催生出具有新型功能的技术或产品。有学者则认为技术融合本质上来源于知识融合，主要体现在两方面：一是不同产业分享共同的技术知识基础；二是科学基础原理具有显著差异的异质性知识，通过知识扩散与溢出呈现协同演化趋势。

我国学者廖磊则认为技术融合是企业根据现实需求有目的地引进与自身技术具有较强兼容性和互补性的其他领域的先进技术，通过不同领域技术相互交叉重组，逐渐融合产生一种具有新型功能技术的过程。当企业向相邻技术领域或跨不同技术领域搜索相关知识、展开跨学科交融时，技术研发形成的关联性技术通过渗透、扩散，融合到其他产业中，使得现有产业的技术发展路线及其经营方式与内容得到前所未有的改变和完善，从而致使不同产业之间形成相似的技术知识基础并拥有可共同研发的技术知识平台。这种不同产业技术一体化现象揭示了技术融合过程中不同技术元素组合关系的重要性。有学者根据产业中已有技术范式之间相互关系的不同，提出了“互补性融合”与“替代性融合”的理论概念。综合上述观点，本书认为技术融合是指原本相互独立的技术跨越其边界相互交叉渗透从而催生出新兴技术的现象。基于技术组合进化的创新机制，技术融合的形成主要存在两种方式：一是新兴技术的渗透融合，是指企业通过引进其他领域的新兴技术，将企业核心技术与外部新技术进行相互渗透与融合，从而催生出一种具备全新功能技术的过程，强调技术的革新与创造；二是现存技术的重组融合，是指对现有知识和技能进行深度理解和反复认知的基础上，通过捕捉新现象和新需求，围绕现存技术为各种不同目的进一步组合成各种各样的技术可能性的过程。无论是新兴技术的渗透融合还是现存技术的重组融合，都是建立在对知识的深层次理解和不同技术要素重新组合的基础上所带来的崭新创想。

二、主要研究内容

本书从技术的本质和技术进化的内在创新机制出发，分析了跨领域技术融合的形成与演化以及不同技术融合模式对企业产品创新绩效的影响。一方面，基于技术元素之间的关系特征考察了互补性与替代性技术融合对企业产品创新绩效的影响；另一方面，基于知识重组演变和外部知识不断获取的视角分析了旧技术重组融合与新技术渗透融合对企业产品创新绩效的影响。同时还探讨了技术标准化能力在上述关系中存在的重要中介桥梁作用，以及外部市场环境和技术环境不断变化所带来的机遇和挑战。并结合我国新能源汽车生产企业2005—2017年的所有专利、新产品、标准和企业性质的特征数据等，通过STATA软件采用固定效应负二项回归模型实证检验了跨领域技术融合对企业产品创新绩效的直接影响，技术标准化能力的中介作用，以及环境动荡性的调节作用。最后，在总结与讨论本书主要研究发现、研究结论及创新点的基础上，提出了相应的管理启示与政策建议。研究内容主要包含以下几个方面。

（一）分析跨领域技术融合的形成与演化

技术的本质是对现象和需求进行有目的的编程，新技术的产生是不同领域技术不断融合进化、推陈出新的结果。首先，本书从技术的本质和技术进化的创新机制出发，分析了技术跨领域融合形成的内在机制；其次，从技术创新扩散诱导、产学研合作推动、需求结构升级拉动、商业模式创新驱动四个方面分析了现代跨领域技术融合的形成动因；最后，从技术元素之间的关系特征出发，基于静态分析框架分析了替代性和互补性技术融合的形成，并结合产品生命周期理论和知识重组理论分析了跨领域技术融合的演变，以及旧技术重组融合与新技术渗透融合的主要特征。

（二）考察跨领域技术融合与企业产品创新绩效之间的关系

首先，基于技术元素之间的关系特征以及知识重组演变和外部知识不断获取的视角，分别分析了互补性技术融合、替代性技术融合、旧技术重组融合与新技术渗透融合对企业产品创新绩效的直接影响；其次，基于标准模块化及创新管理相关理论的分析，探讨了技术标准化能力对跨领域技术融合与企业产品创新绩效之间关系的重要中介作用；最后，基于技术和市场演变为前提的外部环境会影响企业创新探索的进程和方向，本书重点探讨了技术环境动荡性和市场环境动荡性对跨领域技术融合与企业产品创新绩效的调节效应，并提出了相应假设。

(三) 跨领域技术融合对企业产品创新绩效的实证研究

为了实证考察跨领域技术融合与企业产品创新绩效的直接效应与间接效应，本书收集了我国汽车产业所有新能源汽车生产企业 2005—2017 年的专利数据、标准数据、新产品数据和企业性质的面板数据，对本书研究问题进行定量分析。最后，在总结与讨论全书研究发现、研究结论及创新点的基础上，结合回归分析检验结果，从各个层面提出了相应的政策建议与管理对策。

第三节　研究思路与总体框架

一、研究思路与方法

本书研究思路如下：首先，针对本书主要研究议题进行文献综述与理论剖析，在现有研究成果不足的基础上分别从理论和实践两方面视角总结和讨论本书研究问题的理论意义和科学价值，并依次提出本书的研究目的、研究内容和研究思路等。其次，在理论基础与文献分析的基础上，深入剖析不同技术融合模式对企业产品创新绩效的影响，同时还探讨了技术标准化能力在上述关系中存在的重要中介作用，以及外部市场和技术动荡性分别在跨领域技术融合与产品创新绩效之间的调节效应，并依次提出相应的理论假设。再次，通过我国汽车产业所有新能源汽车生产企业 2005—2017 年的新产品数据、专利数据、标准数据和企业性质的面板数据作为研究样本对相关研究假设进行实证检验。最后，结合全书研究，根据实证检验结果进行归纳，并提出了相应的管理启示与政策建议。基本思路包括理论基础与文献综述、理论推演与研究假设、实证分析、主要研究结论与政策建议 4 个环节。

（一）理论基础与文献综述

首先从技术创新理论、资源依赖理论、动态能力理论和标准经济学理论四方面围绕研究主题进行理论剖析与准备；其次从中国知网（CNKI）、维普网、万方数据知识服务平台、科学网（WEB OF SCIENCE）等专业数据库搜集下载与技术融合、技术会聚、协同创新、技术标准和产品创新绩效等相关的所有文献；最后通过筛选、整理和反复阅读并分析所有相关文献，依据本书研究目的和研究内容，总结和评述所有相关研究内容与成果，进一步提炼研究问题与研究思路，为本书研究的顺利进行与开展打下了坚实的理论基础。

（二）理论推演与研究假设

在文献综述和理论剖析的基础上，围绕本书研究主题与研究目标，从技术的本质和技术组合进化的内在机制出发，重点分析了跨领域技术融合的形成与演化，及其对企业产品创新绩效的影响，一方面基于技术元素之间的关系特征分析了互补性与替代性技术融合对企业产品创新绩效的影响路径；另一方面基于知识重组演变和外部知识不断获取的视角分析了旧技术重组融合与新技术渗透融合对企业产品创新绩效的影响路径。同时还探讨了技术标准化能力在上述关系中存在的重要中介作用，以及外部市场环境和技术环境不断变化所带来的机遇和挑战，并依次提出本书的研究假设。

（三）实证分析

通过收集我国汽车产业所有新能源汽车生产企业 2005—2017 年的专利、标准、新产品和企业性质的面板数据作为研究样本，并利用 STATA 软件采用固定效应负二项回归模型实证分析跨领域技术融合对企业产品创新绩效的直接影响，技术标准化能力的中介作用，以及环境动荡性的调节作用。之所以选择新能源汽车产业所有整车生产企业作为研究样本，是由于产品创新对车辆生产企业来说至关重要，尤其对新能源汽车等复杂产品创新领域，其产品零部件往往涉及多种知识和技术。

（四）主要研究结论与政策建议

在依据相关理论和实证检验结果对跨领域技术融合与企业产品创新绩效之间的关系进行全面剖析的基础上，结合全书研究，本书重点总结和讨论了主要研究发现、研究结论及创新点；并在此基础上对该研究问题未来研究重点与研究方向提出了些许建议；最后，从各个方面总结并提出了相应的管理启示与政策建议。

二、研究框架与结构安排

遵循上述研究思路与研究方法，本书参照经济与管理研究领域的典范，结合本书的研究目标，分七章对跨领域技术融合与企业产品创新绩效的影响机制进行深入系统分析与实证检验，研究框架如图 1-1 所示。

第一章：绪论。首先基于理论与实践两个视角介绍本书的研究背景与研究意义；其次在研究背景和研究意义的基础上阐明本书的研究内容和研究目标，并明晰本书研究思路、方法与研究的整体框架安排。

第二章：理论基础与文献综述。首先，从技术创新、资源依赖和标准经济学等理论出发分析跨领域技术融合成因的理论基础；其次，综述并分析了跨领域技术融合、技术标准化能力、环境动荡性与产品创新绩效的本质内涵及相关研究。该部分内容为后续章节分析跨领域技术融合的形成与演化、跨领域技术融合对企业产品创新绩效的直接影响和间接影响机理奠定了坚实的理论基础。

第三章：跨领域技术融合的形成与演化。首先，从技术的本质和技术进化的创新机制出发，分析了技术跨领域融合形成的内在机制；其次，通过技术创新扩散诱导、产学研合作推动、需求结构升级拉动、商业模式创新驱动分析了现代跨领域技术融合的形成动因；最后，在上述分析的基础上，基于技术元素之间的关系特征，从静态视角分析了替代性和互补性技术融合的形成，并结合产品生命周期理论和知识重组理论分析了跨领域技术融合的演变，以及旧技术重组融合与新技术渗透融合的主要特征。

第四章：跨领域技术融合对产品创新绩效的直接效应。首先，从技术元素之间的关系特征出发对互补性和替代性技术融合与企业产品创新绩效的直接影响路径进行了分析，并提出了相应假设；其次，基于知识重组演变和外部知识不断获取的视角，分析了旧技术重组融合和新技术渗透融合对企业产品创新绩效的直接影响，并提出了相应假设；最后，通过我国汽车产业所有新能源汽车生产企业 2005—2017 年的专利、标准、新产品和企业性质的面板数据对本书各假设进行了实证分析。

第五章：技术标准化能力的中介效应。本章基于技术创新和标准经济学等理论，重点分析了技术标准化能力对跨领域技术融合与企业产品创新绩效之间关系的中介作用。首先，分别探讨了互补性技术融合与替代性技术融合对企业技术标准化能力的影响；其次，考察了旧技术重组融合与新技术渗透融合对企业技术标准化能力的影响；再次，探究了技术标准化能力对产品创新绩效的影响，并分别基于静态和动态分析框架探讨了技术标准化能力的中介作用，并依次提出相应假设；最后，通过我国汽车产业所有新能源汽车生产企业 2005—2017 年的专利、标准、新产品和企业性质的面板数据对本书各假设进行了实证分析。

第六章：环境动荡性的调节效应。本章基于技术创新理论与动态能力理论，重点分析了环境动荡性调节下跨领域技术融合对企业产品创新绩效的影响。首先，基于静态分析视角分别探讨了技术动荡性和市场动荡性调节下互补性与替代性技术融合对企业产品创新绩效的影响；其次，基于动态分析框架分别考察了技术动荡性和市场动荡性调节下旧技术重组融合与新技术渗透融合对企业产品创新绩效的影响，并依次提出相应假设；最后，通过我国汽车产业所有新能源汽车生产企业 2005—2017 年的专利、标准、新产品和企业性质的面板数据对所有研究假设进行了实证检验。

第七章：研究结论与未来展望。基于上述章节的全面分析与实证检验，本章首先总结并讨论全书的主要研究发现、研究结论及创新点；其次，逐一探讨各研究发现与研究结论在企业管理实践中的启示和建议；最后，结合全书研究内容，总结并提出了相应的政策建议。比如，政府应制定支持技术创新和跨领域融合的政策和法规，建立跨学科研究平台和技术交流机制等。这些政策建议将有助于为企业营造良好的创新生态环境，推动跨界融合和产品创新的深入发展，提升企业竞争优势并促进经济可持续发展。

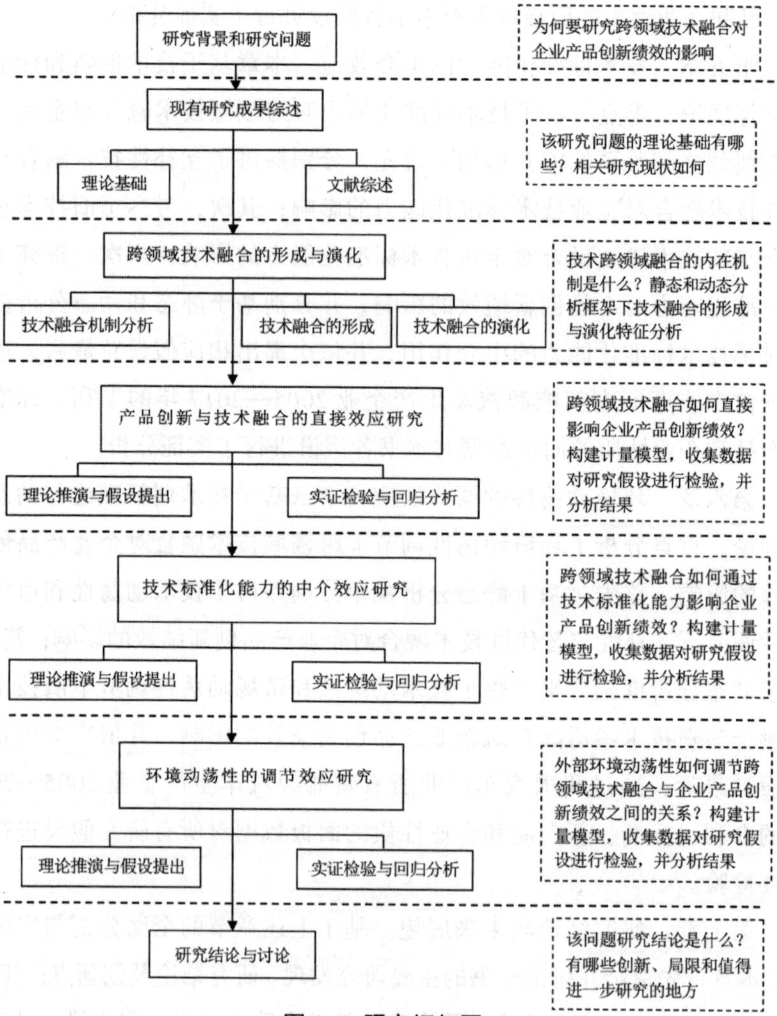

图 1-1 研究框架图

第二章　理论基础与文献综述

第一节　理论基础

一、技术创新理论

20 世纪 30 年代，经济学家熊彼特（Joseph Alosis Schumpeter）在论证技术变革与经济发展的关系中首次较为系统地提出了技术创新理论。熊彼特认为，创新是将生产条件和生产要素进行重新组合并引入生产体系，通过形成一种全新的生产函数获取潜在超额利润的过程。其将创新归纳为五种形式，为后来技术创新理论奠定了基础。这五种创新形式分别是：第一，通过提升和改进已有产品或制造全新产品进行产品创新。这种形式的创新可以包括改进产品的功能、性能、设计、材料等，以满足消费者不断变化的需求。例如，智能手机的不断更新换代，以及新型电动汽车的推出，都属于产品创新的范畴。第二，通过采用新技术、新工艺或新生产方法进行流程创新，进而提高生产效率和降低成本。比如引入自动化生产线、实施精益生产和采用先进的制造技术等，都是流程创新的体现。第三，通过挖掘新的消费需求或开辟新的市场进行市场创新。这种创新强调企业通过创造独特的产品或服务，满足消费者的新需求或创造新的消费习惯。例如，社交媒体的兴起和共享经济的发展，都属于市场创新的范畴。第四，通过寻找新的原材料或其他新的生产要素进行资源创新。这种创新可以有效地解决资源短缺或环境问题，推动可持续发展。例如，可再生能源技术的发展和生物降解材料的应用。第五，通过形成新的组织形式或管理方法进行组织创新，以提升企业的灵活性、效率和竞争力。这种创新包括重新设计企业的内部结构、引入新的管理理念和激励机制等。例如平台经济模式和跨界合作。这些创新形式相互作用，推动着产业结构的变革和经济的持续发展。

自熊彼特首次在技术创新研究领域取得举世瞩目的成果之后，陆续有大量国外学者对其展开了丰富的研究，依据前人研究，可以通过四个学派来全面认知有关技术创新理论的相关研究。

（1）新古典学派。该学派的经济学家首次指出技术创新同土地开发、劳动力聚集和资本购置等关键要素一样，在经济发展中发挥着重要作用。他们认为，技术创新不仅能够提高生产力和资源利用效率，还可以引领经济的结构转型和优化，推动经济持续增长和繁荣。一方面，技术创新可以改变生产方式和生产效率，使得同样的生产要素（如劳动力和资本）能够创造更多的价值和产出。通过引入新的技术、工艺或管理方法，企业可以提高生产效率，降低成本，增强竞争力，从而推动整个经济体系向前发展。另一方面，技术创新能够促进资源的合理利用和再分配。新技术的应用可以提高资源利用效率，减少对有限资源的过度消耗，推动生态环境的可持续发展。

（2）新熊彼特学派。该学派的经济学家在认同新古典学派中技术创新作用于经济增长的观点的基础上，进一步指出技术创新本质上来源于技术知识的开发、转移和商业应用的全过程。这一过程涉及从科学研究、技术开发到最终商业化应用的多个环节和要素，是推动社会进步和经济发展的重要动力。首先，技术创新的源头是技术知识的开发，包括基础研究和应用研究，涉及科学家、工程师和研究人员在实验室和研究机构中对新理论、新技术的探索和发现。基础研究通常是对自然现象和科学规律的探索，而应用研究则是将科学知识转化为实际可用的技术和方法。其次，技术知识的转移是技术创新过程中的关键环节。技术知识的转移可以发生在不同的层面和环境中，包括从科研机构向企业的转移（技术转移）、从一个行业向另一个行业的转移（技术跨界应用），以及从一个国家向另一个国家的转移（技术国际合作与交流）。技术知识的有效转移有助于加快技术创新的进程，促进产业转型升级。最后，技术知识的商业应用是技术创新最终落地和产生经济效益的阶段。商业应用涉及将技术转化为产品、服务或生产过程中的关键要素，包括产品设计、市场推广、生产制造等。成功的商业化应用意味着技术创新从概念和实验阶段转变到市场化和产业化阶段，为企业带来竞争优势和经济收益。

（3）制度创新学派。该学派的经济学家强调技术创新与制度创新之间有着密切关联，认为制度设计和选择对于技术创新的发展有着关键主导作用。有利的制度能够促进技术创新的产生和应用，而不利的制度则可能对技术创新的效率和进程造成负面影响。一方面，良好的制度环境能够激励创新活动，例如通过知识产权保护、税收优惠、创新基金等政策措施，鼓励企业和个人投入研发和创新。此外，透明、有效的市场监管和竞争政策有助于营造公平的竞争环境，激发企业创新动力，推动技术创新的迅速发展和应用。另一方面，有些制度设计可能会抑制技术创新的效率提升。比如，过度烦琐的审批程序和行政管理体制可能阻碍创新活动的开展，导致资源和时间的浪费。

（4）国家创新系统学派。该学派基于国家政府及政策的创新角度，指出技术创新体系中的资源配置与整合效益受国家创新体系发展的推动和制约。这一学派关注于国家层面的创新政策、制度和机制，以及政府在促进技术创新方面的作用和责任，他们认为国家创新体系的发展水平直接影响着技术创新的资源配置和整合效益。本书主要站在企业视角研究技术创新和产品开发，所以重点遵从新熊彼特学派。

相对国外而言，我国研究者对技术创新相关理论的分析起步较迟。国内学者傅家骥认为技术创新是企业以盈利为目的，进而采用新方法、新工艺进行新产品生产、开辟新市场等活动的综合性过程。许庆瑞认为技术创新是从新思想形成到产品投入生产以满足顾客需求的整个过程。张世贤等认为技术创新不仅仅是技术本身的发展问题，还包括一系列与之相关联的经济行为组成的复杂系统及其过程。陈劲和陈钰芬认为技术创新是始于新思想产生，再经历研发、试制、批量生产至新产品商业化的整个过程。综合而言，国内外学者都普遍认同技术创新在刺激企业创新发展过程中主要通过技术发展推动及市场需求拉动两方面机制同步发力，其中技术发展推动是指创新起始于科学基础理论研究中的重大发现和关键突破，人们从基础科学研究中再进一步挖掘新的技术原理，进而有力促进企业在技术研发方面实现重大突破。而市场需求拉力机制则强调，创新主要来源于市场实际需求。顾客需求的快速变化及用户对产品和技术需求的不断提升，使得企业不得不持续探索新技术，并依据用户需求开发新产品，最终实现对企业产品和工艺创新的有力拉动。

从过去的机械化、电气化、自动化到现在的智能化，技术一直在决定和改变着人们的生产和生活方式，技术创新更是驱动经济增长和社会发展的重要力量，也是促进技术变革和产业转型升级的强大引擎，技术创新水平已成为衡量企业乃至国家竞争力的核心要素。近年来，随着信息、生物、新能源、新材料等学科技术的多点突破与交叉融合，技术创新已经从传统的科学知识突破演变成不同领域技术之间的集成与整合，技术融合是一种基于技术组合结构重新调整和构建的技术创新方式，同时也是新产业、新业态等快速崛起的重要标志，对新产品或新兴市场的开发具有不可忽视的重要影响。比如，生物技术与计算机科学融合而产生的生物信息技术，其中生物技术在计算机技术基础上打破了计算机技术的物理局限，而计算机技术为生物技术的发展提供了强有力的计算支撑；又如生物技术与纳米技术的深度融合而产生的全新生物纳米技术，为用于治疗癌症的单克隆抗体药物（Zevalin）与靶向药物传递技术（Doxil）的多种突破性新药打开了研发与市场空间；还有制药技术与食品制造技术的融合创造的功能性食品产业，制药技术与化妆品制造技术的融合创造的药妆行业等。由此可见，技术创新一直都在影响我们的生产和生活方式，它不动声色地创造着这个时代出现的每一次重大变革，同时也决定着未来经济发展走向。

二、资源依赖理论

资源依赖理论开创于20世纪40年代，它的核心思想主要包括三层含义。

（1）组织与周围环境是一种相互依存的关系。即没有一个组织能始终做到自给自足，组织镶嵌在一个环境背景中，需要不断地从环境中获取资源并将其转换成产出再分配到环境中去，组织与外部环境持续地发生着交互作用。首先，组织与外部环境之间的交互作用体现在资源获取和转换过程中。组织需要从外部环境中获取各种资源，包括物质资源（如原材料、资金）、信息资源（如市场信息、竞争对手情报）、人力资源（如员工、合作伙伴），以支持自身的运作和发展。这些资源通过组织内部的转换和加工，最终转化为产品、服务或其他产出，并再次流入外部环境，影响和改变外部环境的状态和结构。其次，组织与外部环境之间的相互作用也体现在信息交流和学习过程中。组织通过与外部环境的交互，获取来自外界的信息和反馈，了解市场需求、行业动态、竞争态势等，从而调整自身的策略和运营模式，以保持与环境的适应性和灵活性。最后，组织与外部环境的交互还体现在社会责任和可持续发展方面。现代社会对组织的社会责任和环境保护意识日益增强，组织需要积极响应社会期待，与外部利益相关者（如政府、社会组织、消费者）进行合作与对话，推动可持续发展和社会共享价值的实现。

（2）组织在与环境相互依存和适应的同时，还可以凭借自身核心能力灵活调控自己对外界的依赖程度。有学者认为每个组织都有其他组织不具备的特有能力，组织在与外界的协作中可以通过获取对资源的控制，减少对他人的依赖程度或提高他人对自己的依赖程度。核心能力是组织的重要竞争优势，可以是特定的技术专长、市场份额、品牌声誉或独特的人力资源。通过有效地开发和利用自身的核心能力，组织可以减少对外部供应商、合作伙伴或市场的依赖，降低外部环境对其经营活动的影响。同时，组织还可以通过建立稳固的合作关系、优质的客户服务、品牌认知度等方式，使得外部利益相关者更加依赖于自身的产品、服务或资源供应。这种战略性的依赖关系可以帮助组织稳固市场地位，提高竞争优势，促进长期发展。此外，组织还可以通过创新和多样化的方式，拓展自身的能力和影响力，从而在不同的市场和环境中获取更多的资源和支持。综合而言，组织在与外部环境的互动中，具备调控自身对外界依赖程度的能力，这取决于组织的核心能力、战略选择和市场行动。有效地掌握和运用这种能力，可以帮助组织应对外部环境的变化和挑战，实现可持续的竞争优势和发展。

（3）组织环境不仅是一种客观现实的存在，同时也是组织及其管理者通过自己的选择、理解、参与和设定而产生出来的一系列与环境相互作用的行为结果。面对同一外部环境，不同的组织或同一组织的不同管理者会有不同的选择、理解、参与和设定方式。首先，组织及管理者的选择和行为受到其独特的认知和解释方式的影响。同一外部环境对于不同的组织或管理者可能呈现不同的面貌和意义。这是因为组织和管理者的历史、文化、价值观等因素不同，对环境的理解和感知有所差异。因此，组织和管理者的行为反应往往取决于他们对环境现象的解释和评估。其次，组织及管理者的参与和决策方式影响着其与外部环境的互动结果。管理者可以选择积极参与外部环境中的各种活动和议题，也可以选择回避或被动应对。这种参与方式决定了组织与环境的关系和交互方式，进而影响着组织的发展和变革能力。另外，组织及管理者的设定和行为策略决定了其在环境中的定位和角色。通过设定战略目标、制定发展规划、选择管理方法等方式，组织和管理者可以主动调整自身在环境中的地位和影响力。这种行为设定反过来又会影响外部环境对组织的反馈和态度，形成一种互动关系。因此，组织对环境的认识，会影响环境对组织的实际作用效果。

资源依赖理论指出，企业特有的技术知识资源不仅仅单纯依靠企业内部研发获得，在面对一项难以突破的技术难题时，在很大程度上还需要寻求外源性研发帮助，外源性帮助能有效提升企业经济发展速度，帮助企业实现技术发展跃迁，并获取先发优势，同时还能促使企业有效整合内外部技术知识并提升企业竞争优势。有学者认为独特资源不能仅局限于企业内部，还要依靠外界跨领域合作捕捉更多有用的资源。兰杰·古拉蒂（Gulati R）则指出企业外部资源通常镶嵌在企业与外界的合作网络中，这些网络资源构成了企业的社会资本，企业社会资本本身也属于企业的资源。我国学者邹思明认为企业通过自身政治资本和关系资本等外部资源，更有利于帮助企业得到更多创新所必需的多样化知识和信息，甚至有时候还能帮助企业汲取对方的核心优势，从而促使企业更好地吸收、传递与扩散外部隐性知识，有利于企业将内外部知识进行更好地整合与再创造。

在开放式创新背景下，企业创新发展紧紧依赖于外部市场整体技术知识的演变与进化，外部环境各种创新资源与信息是企业技术创新实现可持续发展和进步的有力保障。同时，模块化技术的出现也使得一个企业必须要学习如何整合并利用外部新技术资源，通过汲取不同领域的核心优势以提高创新成功率。随着产品创新日益向多能化、复合化和智能化方向发展，依据资源依赖理论的基本假设，企业不能再简单依靠自身力量自给自足，为了获取持续的竞争优势，必须不断拓宽企业原有知识范畴，通过引进并整合外部新技术新知识以捕捉更多跨市场战略机遇。我国学者禹献云认为跨领域知识整合创新策略能有效促进经济快速增长，并实现技术跃迁与先发优势。有学者指出基于协作研发获取的外部异质性信息能有效激发企业创新灵感，帮助企业更快找到关键问题的解决方案，从而帮助企业比竞争对手更快将产品推向市场。马里恩·弗伦茨（Frenz M）学者在研究中也发现了同样的现象，跨界获取的异质性知识和信息更有利于在关键时刻提高企业绩效。而且，基于创新资源的稀缺性，企业会通过寻找可靠的合作研发伙伴或通过自主研发等不断提升自己开创资源的能力，以应对外部环境变化的不确定性和复杂性。比如，有学者在基于两百多家公司的深入访谈中得知，随着外部环境竞争的加剧，公司仅凭自主研发已很难应对外部快速变化的市场需求，必须不断从公司外部环境中汲取资源和信息以维持企业持续的竞争优势。另外有学者依据资源依赖理论提出了开放式创新模型，强调技术创新绩效除了取决于企业内部研发，更多依赖于企业能否将组织内外部资源进行有效融合。从上述学者的论证中可以看出，由于环境的不确定性和创新资源的稀缺性，企业在开发新产品过程中，需要不断地从行业边界之外获取新颖的外部知识，并将其与企业内部核心知识进行有机融合，进而有效提升企业创新能力。可见，资源依赖理论在一定程度上解释了企业需要不断创新，并从行业边界之外的市场持续获取新颖的外部知识和信息的原因。

三、动态能力理论

动态能力理论（Dynamic Capability Theory）最先由大卫·蒂斯（D·J·Teece）在研究中提及，他认为动态能力是组织在应对外部市场和技术环境复杂多变且不确定的条件下快速做出反应并成功应对的一种能力。这种能力反映了组织在动态环境中适应、学习和创新的能力水平，是组织在竞争激烈和不断变化的环境中保持竞争优势的关键因素。首先，动态能力特别强调组织的敏捷性和灵活性。在快速变化的外部环境中，组织需要能够及时感知和理解环境变化，并快速做出调整和决策。这种敏捷性使得组织能够迅速适应新的市场趋势、技术发展和竞争态势，避免因环境变化而产生的风险和挑战。其次，动态能力包括组织的学习和适应能力。组织需要不断学习新知识、掌握新技术，以及及时调整和改进组织的业务模式和运营方式。通过不断积累经验和知识，组织能够提高应对变化的能力，减少因环境变化而造成的冲击。再次，动态能力还涉及组织的创新和探索能力。面对复杂多变的外部环境，组织需要具备创新意识和开拓精神，不断探索新的市场机会和发展路径。通过创新，组织可以在竞争中占领先机，开辟新的增长空间，应对市场和技术的变革。最后，动态能力还包括组织内部的协同和整合能力。组织需要有效地整合资源，调动全员参与，形成快速反应和决策的机制。良好的内部协作和沟通机制有助于组织快速响应外部环境的变化，有效应对挑战。总体而言，动态能力是组织在动态环境中适应和应对变化的核心能力。具备良好的动态能力，组织能够更加灵活地应对不确定性和变化，保持竞争优势并实现可持续发展。

在大卫·蒂斯提出动态能力理论的基础上，之后陆续有大量学者从各自不同的视角对动态能力理论的内涵与外延进行了不断深化。由于动态能力理论是在资源基础理论和核心能力理论的基础上发展演化而来的，现有学者主要从两个视角探索动态能力的本质内涵。一是从资源观视角出发，认为资源是动态能力的主要构成要素，动态能力是为适应不稳定的外部环境而对企业资源进行重新配置、整合和剥离的过程。动态能力是为匹配市场变化，甚至创造市场变革，建立在改变资源基础上的组织过程和战略过程。另外有学者也持有相似的观点，认为动态能力是在市场变革导向的基础上通过帮助企业重新配置资源来满足快速变化的市场需求和客户需求。加布里埃尔·塞佩达（Cepeda G）也认为动态能力是企业依照主要决策者在可能的合理决策和预想的情况下重组企业资源和创造惯例的过程。二是基于能力观视角，我国学者郑素丽等从企业对知识资源的整合能力、重置能力和吸收能力三个方面来定义企业动态能力；吴雷宇提出了类似的观点，认为组织动态能力主要包括对企业内外部信息与资源的协调与整合能力、重组能力和学习能力等；然而，另外有些学者则从其他不同的能力视角出发对其进行定义，认为动态能力主要表现为企业在开发和应用新技术过程中所体现的能力、研发新产品过程中所体现的能力、开创新工艺流程和挖掘新市场所体现出来的能力等。大卫·蒂斯强调公司动态能力主要是指在瞬息万变的技术环境和市场环境中预测机会和避免威胁的能力、捕捉市场机遇和应对风险和挑战的能力等；有学者也认为企业动态能力主要包括机会识别性能力和机会利用性能力；而许晖等学者则认为动态能力主要表现在两方面：一是企业对内外部资源的有效协调与整合，二是企业依据外部市场变化进行的及时重组与转型等。

在开放式创新背景下，组织与外部环境持续地发生着交互作用，企业需要不断地从环境中获取资源并将其转换成产出分配到环境中去。从动态能力角度出发，企业为适应外部市场和技术环境的复杂性和不确定性发展趋势，不能再简单依靠自身力量自给自足，而应不断增加企业现有知识储备，通过技术购买、技术融合以及跨领域合作等捕捉更多跨市场战略机遇，从而获取并维持竞争优势。企业将自己的人、财、物等多方面资源扩散到各个不同的技术领域，通过采取多元化战略，可以避免企业受限于某一特定领域而产生路径依赖或创新惰性。而且，如果企业只关注单一行业在某一方面的单一技术信息，很容易受到外界技术日新月异的冲击，过去依赖于单一技术的核心优势也将不复存在，也会由于快速变化的外部环境而逐渐衰退。因此，如果企业忽视在动态的技术环境下持续积累和探索，则公司积累已久的核心优势容易因市场重新洗牌而惨遭淘汰，企业原有竞争力也可能不复存在；而当企业在多个领域进行技术探索和开发时，企业将同时具备多个领域的解决措施和方案，能够快速应对外部环境的变化，多种技术交叉融合容易使公司具备更多技术组合的可能性。跨领域技术融合是企业技术知识基础同时跨越到多个不同技术领域，把多种现存技术整合成一种新的混合技术的发展方式。当公司将自己有限的人、财、物等多方面资源扩散到多个技术领域时，不仅能通过跨界技术投资提升其创造新技术和新产品的潜能，而且还能分摊研发投入风险，有效避免企业受限于某一特定领域而产生路径依赖或创新惰性。同时，异质性资源整合能力能帮助企业抓住更多非核心领域的产品和市场机会，增强企业战略柔性，提高创新成功率。

基于动态能力视角，不同领域技术的交叉碰撞对企业创新的促进作用至关重要。这种跨领域技术整合能力有助于企业在更广泛的范围内激发新的思想和创意，从而推动创新成果的产生和实现。首先，不同领域技术的交叉碰撞拓展了企业的创新视野。当不同领域的技术和知识相互交叉融合时，可以打破传统行业壁垒和思维定式，引发新的思维模式和创新思路。这种开放式的跨界合作和创新可以带来更多元化、前瞻性的创新理念，有助于企业发现和开拓新的商业机会。其次，跨领域技术整合促进了技术和知识的跨界转移与应用。不同领域的技术交叉融合，可能会产生新的技术组合和应用方式，带来新产品、新服务或新业务模式。例如，将人工智能与健康医疗领域相结合，可以开发出智能医疗诊断系统；将互联网技术与农业领域相结合，可以推动智慧农业的发展。这种技术的跨界应用和整合有助于企业在市场中创造独特价值，提高竞争力。另外，跨领域技术交叉也能促进产业创新生态系统的形成和发展。不同领域的企业、研究机构和创新者之间的合作与交流，促使形成开放式的创新生态系统。在这个生态系统中，各方共享资源和知识，相互激发创新火花，共同推动产业发展和技术进步。这种协同创新的模式有助于加速创新成果的孵化和推广，为企业带来更多的创新机遇和商业价值。综合而言，基于动态能力视角，不同领域技术的交叉碰撞是企业创新的重要推动力量。企业应当鼓励和支持内部团队及外部合作伙伴之间的跨界合作，促进技术与知识的跨界融合，培育开放式的创新文化和生态系统，以创造更多创新成果和持续竞争优势。

四、标准经济学

标准已成为现代经济发展的核心要素，它同土地、技术和资本等关键要素一样，为现代经济发展作出了重要贡献。首先，标准在经济发展中起到了规范和引导作用。标准是对产品、服务、流程或系统的要求和规范的体现，它们指导着生产和服务的质量、安全、可靠性等方面。通过制定和遵守标准，可以提高生产效率、降低成本，确保产品和服务的质量和可靠性，增强消费者信心，促进市场交易和经济发展。其次，标准有助于促进国际贸易和经济全球化。在全球化的背景下，标准在国际贸易中起到了统一和协调的作用。国际标准的制定和认可，使得不同国家和地区的产品和服务可以在全球范围内流通和竞争，促进了国际贸易的便利化及其有效性的提升，推动了全球价值链的发展。另外，标准还有助于推动技术创新和产业升级。随着科技进步和产业发展，新兴技术和行业不断涌现，标准的制定和应用有助于规范和引导技术应用，促进技术成果的转化和产业升级。标准化还能推动不同行业的交叉融合，促进新业态的形成和创新发展。最后，标准也是支撑国家和地区竞争力的重要基础。具备高水平标准体系的国家和地区在全球市场中具有更强的竞争力和话语权。通过制定和推广高质量的标准，国家和地区能够提高产业和服务的竞争力，塑造自身品牌形象，推动经济社会的可持续发展。

现代经济学中，标准与技术紧密结合，广义的标准是指不同主体根据商定的规则对从事的某项关键活动达成共识的过程；而狭义上的标准主要指的是技术标准，是在一定范围内所有企业必须遵循的有关产品、生产流程、规格或程序的一套规范。经济全球化范围内的标准之争被称为“赢者通吃”，因此，标准经济学已逐步成为经济学研究的一个新热点。尤其随着工业革命模块化生产的出现，标准和模块化能有效避免很多不同技术之间的不兼容与不协调。邓洲认为技术模块和标准的出现是随复杂系统环境逐步演化的结果，具备模块化及标准化能力的组织通常能非常灵活地协调与整合各方面的竞争。有学者在研究钟表制造业发展过程中发现，模块化具有可分解性特征，能有效分析复杂多样的综合型系统，使其变得更加简单易懂。另外一些学者认为标准化生产一开始来源于模块化构建，然后逐步渗透到组织生产的各个领域。我国闫禹和于洞等学者则在研究中发现，模块化分工能有效降低协调成本，捕捉更多利益共同点。技术标准本质上得益于模块化设计的出现和应用，标准的兼容性特征和编码化过程是模块化生产的重要保障。在模块化生产过程中，不同的技术模块需要遵循技术标准的特定规则进行配置与整合，并进一步规范和调整不同模块之间的接口，从而有助于提升整个产业的模块化生产规模和速度。

技术在其进化过程中，一开始都是由一个个单一的技术不断组合形成各种新的技术模块，再演变成各式各样复杂的技术形式。同样，现代技术的发展创新也是一个不断走向模块化和整体化的过程，一项新技术往往综合了多个不同领域的学科知识，同时也可以根据实际需求应用到各个不同领域。模块化指的是将复杂的技术系统或产品拆分为多个独立的模块或组件，每个模块可以独立设计、开发和测试，然后再进行集成。这种模块化设计使得技术开发更加灵活高效，降低了开发和维护的成本，同时便于模块的重复利用和替换，推动了技术的快速迭代和更新。技术的整合化是将来自不同领域的技术、知识和资源进行跨界融合和整合，创造出具有新功能和价值的复合型技术或系统。现代技术创新往往涉及多个学科领域，如信息技术、生物技术、材料科学等的交叉融合，形成了诸如物联网、人工智能、生物医药等跨领域综合应用。这种整合性创新能为解决复杂问题提供全面、系统的解决方案，推动了科技进步和产业发展。另外，现代技术的应用领域也日益多样化和广泛化。一项新技术往往具有跨行业、跨领域的适用性，可以根据实际需求和不同行业的特点进行定制和应用。因此，现代技术的发展和创新是一个模块化和整合化的过程，通过将单一技术模块化和跨界整合，形成复杂、多功能的技术体系和应用场景。这种技术演进的趋势不仅丰富了技术的形式和应用领域，也为社会经济发展带来了新的机遇和挑战，需要持续关注和探索，以推动科技创新和产业升级。

在模块化设计基础上建立的创新系统能充分展现公司的技术融合能力，并有效减少或者避免不同企业不同技术之间的非兼容性难题，是企业采取跨领域技术融合创新的重要突破口。尤其对于新能源汽车等复杂产品创新领域，一辆汽车就是一个复杂的技术系统，由发动机、底盘、车身和电气设备等多项技术模块组装而成。技术标准是在知识和技能经过长期积累和深刻认知的基础上，从现有技术带来的标准问题中提炼出的标准解决方案，这些标准解决方案往往是经过反复使用和验证之后形成的一套通用模式，主要为特定的技术用途解决那些重复性的问题。随着新一代信息技术与传统产业的深度融合，产品创新日益呈现出多样化、复合化、智能化和系统化等发展趋势，而产品的成功开发和应用越来越得益于产业链中多种不同技术之间的协同效应，其中技术之间的兼容性是不同模块技术得以成功组合的前提。技术发展过程中不同技术相互协同演变需要行业技术标准化的协调与保障。尤其针对新能源汽车等高度复杂产品的开发，产品零部件涉及多种知识和技术，技术标准往往以多种不同技术作为载体，依据各技术间的兼容性与互补性特征，最大限度地施展各技术特长，全面发挥各创新成果的协同效应与扩散作用。因此，基于标准经济学理论，不同领域技术之间的技术接口需要标准化过程将其进行统一规范。可见，技术标准化是促进跨领域技术融合创新方式快速发展和实现的重要前提和保障；反过来，当企业向相邻技术领域或跨领域搜索相关知识、展开跨学科交融时，技术研发形成的相关性技术通过渗透、扩散，融合到其他产业中，使得现有产业的技术发展路线及其产业的经营方式与内容得到前所未有的改变和完善，从而推动不同产业之间形成相似的技术知识基础和共同的技术标准平台。因此，技术融合也能进一步巩固并促进技术标准的形成与推行，有效提升企业模块化生产能力，为成功实现产品开发与创新做好充足的准备。可见，技术融合与技术标准相辅相成、融会贯通，在技术及经济发展的进程中既存在相互促进也存在相互制约的关系。

第二节　跨领域技术融合的相关研究综述

一、技术融合的概念与维度划分

（一）跨领域技术融合的概念与内涵

技术融合的概念最初由一位美国学者在研究美国机床制造业技术变革过程中提及，他指出当科学知识在不同领域实现共享及互联互通时，技术融合得以产生。之后陆续有大量学者从各自不同的视角对技术融合的内涵与外延进行了不断深化，但碍于融合现象固有的模糊性和复杂性，且各自研究的视角和出发点存在不同程度的差异，至今针对技术融合概念的界定仍然处在众说纷纭、莫衷一是的阶段。国内外学者基于各自不同的视角对技术融合展开了丰富的研究，针对技术融合的定义，主要有如下几方面观点，见表 2-1。

从表 2-1 中可以看出，尽管不同学者界定技术融合的概念各不相同，但基本上都认同技术融合是源于不同领域技术相互交叉、渗透，逐渐融合成一种新技术的现象。比如生物技术与纳米技术融合而产生的生物纳米技术、生物技术与计算机科学融合而产生的生物信息技术、力学与数字控制技术融合形成的机电一体化技术等。综合上述学者基于不同视角对技术融合的分析，本书将技术融合的形成方式主要归纳为以下三方面。

表 2-1　不同学者界定的技术融合含义

学者（年份）	主要观点和内容
Kodama F(1992)	技术融合是两种或两种以上现存技术整合成一种新的混合技术的过程。
吉尔特・杜伊斯特斯等(1998)	技术融合是原本相互独立的技术轨道随着技术知识的交叉融合逐渐变得模糊的过程。
潘宁斯等（2000）	技术融合是不同领域技术知识为解决某一共同难题而出现知识溢出和协同效应，致使学科边界变得逐渐模糊的现象。
罗恩・阿德纳等(2002)	技术融合是在开发一项新产品的过程中，某一方法同时可以运用到多个技术领域，技术融合得以产生。
弗雷德里克・哈克林(2008,2010)	技术融合本质上是通过技术渗透、交叉、重组等方式激发技术基础结构的分解、重构和功能升级，从而催生出具有新型功能的技术或产品。
李平等（2012）	技术融合是不同产业或不同技术领域的企业，突破产业边界和专业技术限制，以某种形式联合起来共同研发融合型技术的过程。
陈亮（2013）	技术融合是一种基于技术组合内容与方式进行重新调整的技术创新方式，相对传统科学突破方式，技术融合不仅能在原有技术性能基础上实现新的应用，还能结合现实需求开发新的市场。
马蒂・卡尔沃宁等（Karvonen M）(2013)	技术融合源于知识融合，它是在产业间知识溢出过程中将知识融合向技术创新潜力转化，从而实现新的技术整合。
李丫丫等(2016)	技术融合是一种演化过程，是不同技术轨道的交叉渗透所导致新的技术融合轨道与范式的形成，新技术范式综合了多个不同技术轨道的应用功能。
李姝影等（2017）	技术融合是由多种不同技术元素为解决一个新的问题朝着一个新方向进行演化的一种技术创新方式。
朱拉姆・金等（Juram K）(2018)	技术融合是至少包含两种不同技术元素相互交叉渗透融合成一种新技术的现象。

（1）技术融合来源于新兴技术的渗透融合，是企业根据现实需求有目的地引进与自身技术具有较强兼容性和互补性的其他领域的先进技术，通过不同领域技术相互交叉重组，逐渐融合产生一种具有新型功能技术的过程。

（2）技术融合来源于现存技术的重组融合，重组融合是建立在对现有知识和技能进行深度理解和反复认知的基础上，通过捕捉新现象和新需求，围绕现存技术为各种不同目的进一步组合成各种各样的技术可能性的过程，强调技术的重组创造与重组再利用。

（3）技术融合来源于知识融合，一方面表现为具有不同知识基础的互不相关的技术通过知识溢出呈现协同演化趋势，从而引发学科边界消融，最终形成产业相关的技术知识；另一方面体现在不同产业分享共同的技术知识基础。

（二）技术融合模式的维度划分

在技术融合概念界定的基础上，不同学者在各自研究中划分技术融合模式存在差异。我国学者汤文仙从技术组合结构与程度视角将技术融合分为完全融合与部分融合两种类型；扈春香在探索我国高新技术制造企业的技术升级研究中发现，企业主要通过自主研发、合作创新及复制模仿三种方式进行技术融合创新；李平和杨凤鲜通过系统分析融合型技术的内在特质及创新程度，将技术融合分为复制式融合、改良式融合和嫁接式融合；有学者根据产业中已有技术范式之间相互关系的不同，将技术融合分为“互补性融合”与“替代性融合”；凯文·摩根（Morgan K）从企业边界视角提出内部技术融合模式与外部技术融合模式；弗雷德里克·哈克林在研究中依据技术的获取方式和技术的新颖程度，将技术融合划分为横向融合、应用融合与潜在融合三类。

总结技术融合过程中技术元素之间的关系，主要存在两方面特质：一是技术之间表现出关系结构的特征，即技术元素依靠某种关系进行连接；二是技术拥有可以被检索的特性，即对于企业现有的技术元素，可以通过彼此间的特征检索或者获取与其相关联的其他技术元素。莱昂内尔·内斯塔（Nesta L）认为技术元素之间的关系比技术本身更重要，对技术元素间关系的认知反映了企业利用技术元素开展技术创新的特定方式，也就是说技术元素间的关系及其关系的变化可以更好地解释企业独特的技术融合模式。企业向相邻技术领域或跨不同技术领域搜索相关知识、展开跨学科交融时，技术研发形成的相关性技术通过渗透、扩散，融合到其他产业中，使得现有产业的技术发展路线及其产业的经营方式与内容得到前所未有的改变和完善，从而推动不同产业之间形成相似的技术知识基础和共同的技术平台。不同产业出现技术知识共享和技术一体化现象揭示了技术融合过程中不同技术元素之间关系的重要性。外部新技术的吸收与整合，以及不同技术之间的相互增强及互补作用一方面能使不同技术在组合中实现更高效的集成功能；另一方面能促使多种不同技术之间的协同演化。因此，技术融合的分析及其维度的划分本质上得着眼于技术元素之间的关系、融合型技术的组合结构、新技术的持续引进以及现存技术组合的不断演变。技术元素之间的关系和融合型技术的组合结构是从一种静态的视角对技术融合进行分析，本书从技术元素之间的耦合结构与替代关系将技术融合分为替代性技术融合与互补性技术融合。新技术的持续引进和旧技术组合的不断演变是从一种动态的视角对技术融合进行考察，本书将其划分成旧技术重组融合与新技术渗透融合两种类型。

二、技术融合的过程分析

技术融合是创新驱动与需求拉动同步发力的结果。技术创新、产学研合作及基础研究是跨领域技术得以成功融合的重要前提，市场需求与产业交叉融合也是技术融合的重要保障。此外，技术融合还受到科技体制改革、技术创新活动和用户需求变化的引导和制约。因此，我们需要采取系统的观点，从基础学科、应用研究、技术开发到产业化等各个环节出发对技术融合过程进行更为准确和全面的认识。大部分学者认为技术融合过程贯穿于学科交叉融合、技术跨领域融合、市场以及产业之间的渗透融合等多个环节。当来自不同领域的利益主体为实现同一目标或解决共同关心的复杂问题时，通过科学知识跨界引用与流动、研究方法相互交叉融合，导致不同学科知识路径开始相互重叠，不同领域之间逐渐达成紧密的研发合作，从而使得知识溢出效应逐渐扩散，促使不同技术相互渗透，技术融合得以产生，并进一步促使新的产品出现，从而导致市场融合与企业间合并，最后促使产业融合得以成功实现（图 2-1）。

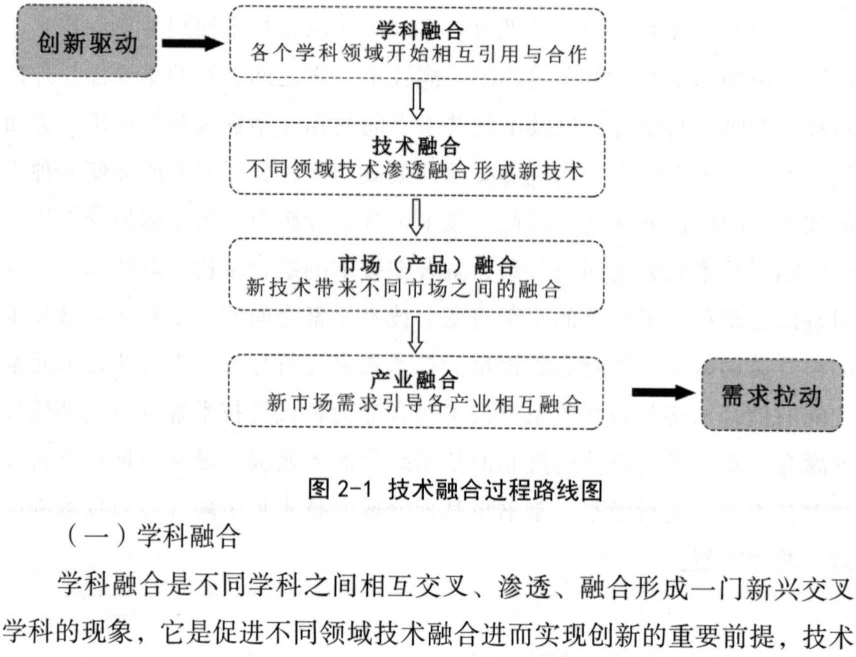

图 2-1 技术融合过程路线图

（一）学科融合

学科融合是不同学科之间相互交叉、渗透、融合形成一门新兴交叉学科的现象，它是促进不同领域技术融合进而实现创新的重要前提，技术融合是学科知识融合转化为技术创新的潜能。科学的主要目的是创造能解决根本问题的新知识，同时制定科学定律和理论来描述并解释自然现象产生的原因。虽然科学研究的成果很少能直接使用于产品创新，但在新能源、生物医学和制药等科技密集型行业，基础学科研究的重要价值和意义不容忽视。近代科学发展衍生出的新知识、新概念和新技术，通常来源于多种基础学科知识的交叉融合。比如，生物纳米技术综合了生物学及纳米技术，在其开发和应用过程中还将量子力学、化学、信息学、机械学和医学等融入了生物学和纳米技术当中。纳米技术是物理学、电子学与计量学等的前沿交叉学科。生物纳米技术可实现以纳米级尺度勘测整个生物体内各个组织、细胞及细胞之间的所有物流、信息流和能量流，主要可用于DNA检测、地下水污染治理、癌症检测与治疗等。可见，学科融合是在承认学科差异的基础上不断打破学科边界，促进学科间相互渗透、交叉地活动。不同学科之间相互交叉融合既是学科发展的方向，也是推动不同领域技术相互交叉渗透的重要前提。

学科融合通常超越了传统学科边界，将原本独立的学科知识和方法相结合，从而创造出全新的学术领域和解决问题的方式。学科融合是推动科学和技术进步的重要动力，也是应对复杂现实问题和推动创新的关键前提。通过不同学科领域的交叉，研究者可以整合多种学科的理论、方法和技术，从而深入探索跨学科问题，并创造出新的理论框架和研究范式。比如，生物医学工程是生物学、医学和工程学等学科的融合，致力于开发创新的医疗技术和治疗方法。许多现实世界的挑战需要跨学科的知识和方法才能有效解决，如气候变化、城市化和健康管理等。学科融合通过整合不同学科的视角和专业知识，为解决这些问题提供了更全面和有效的途径。将自然科学、工程、商业、社会科学等领域的知识和技术融合，有助于孵化新的商业模式、产品和服务。如智能城市的发展涉及城市规划、信息技术、环境科学等多个学科的融合，推动了城市的智慧化和可持续发展。研究者和学者跨学科合作，可以打破学科壁垒，共同探索新的研究领域和前沿问题。这种合作有助于分享知识、资源和技术，推动学术进步和创新。学科融合需要跨领域复合型人才。培养具备多学科知识和技能的人才，有助于推动学科融合的发展并应对复杂的社会挑战。跨领域人才通常具备创新思维和解决问题的能力，能够在不同领域之间建立桥梁和连接。综合而言，学科融合是推动知识创新和社会发展的重要途径。通过打破学科界限，促进不同领域的交流与合作，为技术融合的发展提供新的思路和机会。

（二）技术融合

不同产业领域之间的技术融合成为跨产业创新的主要根源。有学者在产业结构调整报告中指出技术融合是两种或两种以上不同技术相互渗透，逐渐融合成一种新技术的现象。另外有学者从融合提升效果的角度认为技术融合是将一个技术领域的方法应用于另一个技术领域，最终产生一种新的产品。我国学者廖磊则认为技术融合是企业根据现实需求有目的地引进与自身技术具有较强兼容性和互补性的其他领域的先进技术，通过不同领域技术相互交叉重组，逐渐融合产生一种具有新型功能技术的过程。但也有学者强调技术融合不是技术之间的简单组合与替补，还需要赋予新的特性，进而开发新的需求及市场。弗雷德里克·哈克林学者认为技术融合本质上源于知识融合，一方面表现为具有不同知识基础的互不相关的技术通过知识溢出呈现协同演化趋势，引发学科边界消融，最终形成产业相关的技术知识；另一方面体现在不同产业分享相关技术知识基础过程中，通过知识渗透、交叉、重组等方式激发知识基础结构的分解、重构和功能升级，从而催生出具有新型功能的知识和技术。可见，技术融合也是一种创新方式，相比于传统的学科知识突破创新方式，技术融合是将来自不同领域的技术根据现实需求进行有目的的组合，以实现新技术的开发并有效提升旧技术的性能及应用价值。

随着科技的快速发展和不断创新，技术融合不仅是技术发展的必然趋势，也是企业实现创新和提升竞争力的重要途径。通过引入和整合多领域的先进技术，企业可以更好地满足市场需求，开拓新的商业机会，实现可持续发展和增长。技术融合可以帮助企业实现产业升级和转型。通过将信息技术、生物技术、新材料等领域的技术相互融合，传统行业可以开发出具有竞争优势的新产品和服务，加速转型到高附加值的产业链。许多复杂的现实问题往往需要跨学科的解决方案。技术融合可以促进不同学科之间的合作与交流，从而提供更全面、系统的解决方案。如城市化带来的环境、交通、能源等问题。融合先进技术可以提高生产效率、优化资源配置，降低生产成本和能耗。比如，工业互联网的发展，将物联网、大数据分析与制造业相结合，实现了智能化生产和预测性维护，为企业带来了显著的效益。技术融合是数字化转型的关键推动力量。企业通过整合各种先进技术，建立数字化平台和生态系统，实现数据共享、智能决策和个性化服务，提升竞争力和用户体验。技术融合也可以带来全新的商业模式和市场机会。比如，共享经济的发展依赖于移动互联网、支付技术和位置服务的融合，改变了传统产业的运作方式，开辟了新的商业前景。总之，技术融合不仅是企业创新发展的必然选择，也是社会进步和可持续发展的重要推动力量。在未来，随着技术的不断进步和跨界融合，我们期待可以看到更多具有颠覆性和实用性的新技术应用，为各行各业带来更多机遇和挑战。

（三）市场（产品）融合

市场融合一方面依据市场实际需求引导技术融合的发展，另一方面又是产业融合得以成功实现的基础。因此，市场融合在技术融合与产业融合之间起着重要的桥梁作用，它的出现不仅意味着市场规模和范围发生了明显的变化，而且市场性质也发生了根本性的改变。因此，市场融合实质上是一种基于消费需求变化的市场创新和价值创新。市场融合与技术融合的关系表现为：一是市场融合是以技术融合为基础，一般情况下，技术融合能帮助来自不同领域的产品达成技术共识，并形成可共同分享的技术运行平台，直接促使产品融合创新，用一种产品或产品组合来满足多样化的需求，从而实现市场融合。如果没有这种基于技术融合的产品，融合创新也就无以整合多样化需求，市场融合也就很难实现。二是市场融合是技术融合的导向，技术只有走向市场才能体现其商业价值。显然，一项融合型新技术无论其水平多么先进，如果不能为市场所接受，不能创造出新的市场需求，那就是一种不成功的技术创新。相反，一项融合技术哪怕只是一种技术集成或改良，如果能为市场所接受，创造出新的市场需求，那就是一种成功的技术创新，因此，市场融合是技术融合的有效保证。

市场融合既是技术应用的需求方，也是产业融合的重要推动者和受益者。市场融合依据市场实际需求引导技术融合的发展，通过需求驱动和资源整合，为产业融合提供成功实现的基础和动力。首先，市场是技术应用和创新的最终落脚点，技术融合必须根据市场需求进行导向和定位。通过深入洞察市场需求，企业可以有针对性地引入、整合不同领域的先进技术，以创造满足市场需求的新产品和服务。比如，智能家居技术的融合就是针对家庭生活的便捷性、舒适性等需求而进行的技术整合和创新。其次，市场的多样化需求和竞争压力促使企业跨越原有产业界限，进行产业链上下游的整合和合作。通过市场融合，不同行业的企业可以共享资源、优势互补，形成产业生态链，实现规模化生产和服务提供，提高产业整体效率和竞争力。另外，市场融合是技术创新走向市场的关键桥梁。技术融合在市场的实际应用和验证中得到检验和完善，市场反馈也为技术创新提供了重要的方向和反馈。市场需求的不断变化和升级，驱使技术融合不断迭代和升级，推动新技术的发展和普及。企业应借助市场平台和资源，开展跨界合作，构建开放的创新生态系统。通过与客户、合作伙伴和供应链的紧密合作，实现市场需求与技术供给的有效匹配，推动产业的快速发展和变革。最后，政策制定者应根据市场需求和技术发展趋势，制定相关政策和规范，为技术融合和产业融合提供良好的发展环境和政策支持。因此，市场融合作为技术融合与产业融合的重要桥梁，通过需求驱动和资源整合，推动技术的创新和应用，促进产业的协同发展和优化。

（四）产业融合

产业融合是基于技术创新、制度创新和商业模式创新形成的产业界限不清晰和产业发展一体化现象。一些学者认为产业融合使不同产业之间边界慢慢变得不清晰，从而导致不同领域技术逐渐发生相互交叉融合的现象。技术创新是所有融合得以产生的核心动力，产业融合是一开始基于产学研之间的相互协作导致的学科知识与技术之间的相互融合，然后开发出满足实际需求的融合型产品，再进一步上升到不同市场之间因为产品融合而带来不同领域需求的相互融合，最终导致不同产业之间相互渗透融合的全过程。从产业角度， 技术融合使得企业之间及企业内部各部门之间必须相互协作，有助于激发产业链、价值链的分解，重构和功能升级，引发产业结构、功能、形态和组织方式的重大变化。近年来，伴随产业范式的不断变革，具有全新价值的替代性新产业开始逐渐取代旧产业，新兴产业通过吸收来自不同行业的信息和知识不仅能满足已有消费者的需求，还能开拓新的市场需求。比如，软件开发商与手机制造商原本属于不同的产业，但随着产业变革及产业融合的出现，手机软件产业如雨后春笋般突然涌现出来并得到了很好的发展。有学者指出技术融合带来的技术一体化现象，通过整合不同领域的互补性知识池，能快速推动技术和产业集群的发展。弗雷德里克·哈克林认为在产业变革过程中，技术融合揭示了应用融合向产业融合转变，企业通过新的市场需求引导技术融合并实现不同产业相互交叉融合，从而建立新的竞争格局。新兴信息技术与传统产业之间的相互融合所产生的新技术、新产品和新服务往往能取代某些传统的技术、产品或服务，有利于改变我国传统产业组织结构和运营模式落后的局面。

产业融合通常涉及多个产业领域的交叉与整合，以实现资源优化配置、降低生产成本、提高效率和创造新的商业价值。产业融合的核心是技术创新。新兴技术如人工智能、物联网、大数据分析等的迅速发展，正深刻改变传统产业的运营模式和商业逻辑。技术的跨界应用和融合，使得原本独立的产业开始相互交叉和合作，形成新的产业格局和价值链。政府在推动产业融合过程中，应建立开放、包容的制度体系，为不同产业的融合提供政策支持和市场激励，降低融合的交易成本和风险，推动创新资源的跨界整合。产业融合常常伴随着商业模式的变革。通过跨界合作和创新，企业可以探索新的商业模式，开辟产业链上下游的协同机制。比如，传统制造业结合互联网技术，实现智能制造和定制化生产，从而提升市场竞争力。不同产业的融合促使价值链上的各个环节相互关联和互动，实现资源的共享和协同创新。价值链的重构使得企业在整个价值网络中更具竞争优势，提高了产业的整体效率和创造力。企业之间、产业之间的合作不再局限于同一领域，而是在技术、资源和市场上进行更广泛、更深入的合作。这种合作促进了创新的快速迭代和商业模式的持续演进。通过技术的跨界应用和产业的融合发展，诞生了许多新的产业形态和商业模式，如新能源产业、共享经济、智能健康等。这些新兴产业在全球范围内迅速成长，成为经济增长的重要引擎。因此，产业融合是技术进步和市场需求共同推动下的产业发展新趋势。它通过技术创新、制度创新和商业模式创新等方式打破了传统产业的边界，促进了资源优化配置和经济结构升级。

三、技术融合的相关研究分析

技术融合是一种技术创新和技术探索的方式，是向相邻技术领域或跨技术领域渗透的多技术融合创新。以往大部分学者关于技术融合的研究主要以定性描述为主，比如基于不同轨道的技术融合来预测行业技术发展方向、通过不同技术元素的组合结构分析技术发展特征，以及考察融合型技术在不同领域的发展应用等。由于融合现象固有的模糊性和复杂性，国内外学者关于跨领域技术融合的相关研究更多只是停留在定性的理论层面，主要包括技术融合概念提出与扩展、技术融合理论研究、技术融合内外影响因素分析等。近年来，随着新一代信息技术与传统产业的深度融合，跨领域技术融合的重要性不断加强，更多关于技术融合的定量研究开始进入人们的视野，比如有学者开始通过专利数据评估产业技术融合趋势、分析技术发展路径或评估量技术融合程度等；还有基于专利引文与专利共现分析方法通过专利 IPC 分类号识别技术融合轨道或技术演化方向等。此外，还有少数学者开始基于聚类分析、大数据分析和文本挖掘等分析方法对技术融合和产业融合的动态发展规律进行定量化描述。

在众多关于跨领域技术融合的相关研究中，我国学者陶长琪和廖磊通过 IT 业的技术融合宽度探索了 IT 企业在技术开发与创新过程中的动态演化机制；邱均平与杨强基于关键词共现的频率揭示了云计算、大数据、语义网等新兴信息技术的不同程度的技术融合特征；沈蕾和靳礼伟分析了我国科技服务业与制造业技术融合对产业结构升级的影响；张翠芳和陈海涛等研究了战略性新兴产业军民技术融合现状；李姝影等基于专利数据分析了技术融合度的各种测度方法；赵玉林和李丫丫等以全球生物芯片产业为例实证研究了技术融合、竞争协同与新兴产业绩效提升的关系。国外有学者通过几十个上市公司信息数据，开创性地揭示了信息产业内细分市场的技术融合有利于增加整个产业的创新绩效。有学者在研究中发现全新技术的技术融合跟随者更有利于提升其在全球市场中的占有率。史蒂文·施纳斯（Schnaars S）学者基于技术融合的创新成果，不仅揭示了技术融合有利于促进产品开发，同时揭示技术融合可能也会导致失败。另外有学者从企业产品组合中的技术融合度出发研究产业融合对跟随型企业产品组合策略的影响。赖纳·安德加森（Andergassen R）在研究中分析了技术融合在供应链上下游创新管理中对各个主体的影响和作用。艾莉西娅·梅因研究指出很多革命性新药的成功研发本质上得益于生物技术与纳米技术的深度融合。有学者在研究功能性食品行业企业开展“创新前沿”时发现由于存在“能力断层”，企业往往需要寻找跨产业合作伙伴、通过跨领域技术融合来推动混合产品创新。基于专利共现分析方法，有学者检验了技术创新系统中技术融合的程度及其随时间变化的状态。同时，随着技术融合重要性不断加强，技术融合的应用研究也备受企业关注，比如纳米技术与生物技术融合而成的生物纳米技术，传统机械技术与信息技术融合而成的机电一体化技术，纳米技术、信息技术和机器人结合的人工智能等。同时，如智能物流、智慧工厂、功能性食品产业、无人驾驶、新能源、新材料、新兴信息产业和生物产业等更多行业的技术融合现象开始进入人们的视野。

第三节　技术标准化能力的相关研究综述

一、技术标准化能力的界定

技术标准是统一规范行业技术开发与应用过程中各项活动的规范性

文件，该文件在得到大部分生产商和用户认可的基础上由一个公认的机构进行制定和批准。这些标准涵盖了广泛的主题，包括产品设计、生产流程、质量控制、性能要求、安全标准、环境保护和信息交流等方面。通过遵循技术标准，行业内的各项活动能够按照共同的原则和要求进行，确保产品和服务的质量达到预期水平，并促进技术的交流、应用和发展。技术标准不仅有助于提高产品的竞争力和市场认可度，还可以促进行业的创新和协作，推动整个行业朝着更高水平的发展和标准化方向前进。在技术发展过程中，国家政策、企业相关决策及市场选择等会将各种不同技术路径统一规范到某一标准路径上。技术标准化是技术不断收敛和规范化的过程，也是知识技术传播的过程，说得更具体一点是制修订、发布和实施技术标准的全过程，使其在产业内被广泛使用，并达到统一技术规范的全部有关活动和工作的一个过程。从技术选择、技术标准制修订到技术标准推广的整个流程中，针对不同产品不同模块制定一系列相互兼容、对接和配套互动的技术解决方案，一方面是为了规范市场竞争秩序，需要使进入市场的产品或服务达到基本的质量及安全要求；另一方面是为了提高整个产业的生产运作效率，将技术创新发展纳入效率轨道。企业对产品或服务进行统一规范时，需要保障进入市场流通的产品和服务达到基本的质量和安全要求，同时也需要实现不同产品和服务之间的相互协同。因此，企业在统一和规范有关工艺、生产方法、规定和规则的技术标准化过程中所形成的技术标准化能力是技术演化的过程与结果，同时也是提升企业自主创新能力和促进企业协同发展的有力保障。

技术标准化能力代表了特定产品或服务在知识和经验方面的集成。我国学者伍燕妩和陈道珍通过行业技术主导能力、对标准制定影响力及其推广优势来界定企业的急速标准化能力。而孙耀吾和胡林辉从狭义和广义两方面视角界定企业技术标准化能力，并强调技术标准推广能力主要是指狭义的技术标准化能力，广义上应包括从研发、专利化、标准确立到产业化的能力。王珊珊和武建龙的研究持有相似观点，认为技术标准化能力涵盖了技术研发、产品制定、市场化等全部过程。企业在技术标准制定过程中的影响力代表了企业的技术标准化能力。有学者基于技术的协同演化及其行业标准体系的逐步确立来评估企业的技术标准化水平。技术标准的制定往往需要多个企业多个部门共同参与，我国学者邹思明和曾德明在调研中发现标准起草单位在技术标准的制定或修订过程中发挥了关键性的作用，他们在研究中除了通过企业参与技术标准制定或修订的数量来论证企业的技术标准化能力，还根据参与者在标准制定中的地位，将公司技术标准化能力明确划分为企业技术标准化主导者能力与技术标准化能力。综上分析，本书认同曾德明等学者的观点，认为企业技术标准化能力主要体现为企业将自己倡导的技术范式推广为技术标准的能力。

二、技术标准化能力的构成

随着产业融合的进一步加剧，越来越多的企业将自身在行业中的技术标准化能力作为衡量企业是否能在行业中拥有话语权的重要指标。技术标准本质上是在知识和经验集成的基础上，对某一特定产品或服务制定一系列技术要求和指导方案。一方面，标准的兼容性特征能使来自不同企业不同型号的产品通过统一接口实现不同产品之间的相互融通与兼容，从而更好地满足用户的实际需求；另一方面，标准的主导特性能有效引导企业的技术选择行为，有助于合理规范行业的技术发展方向，将技术开发与用户需求聚焦于特定的效率轨道上，从而有助于整个产业朝着科学的方向快速发展。因此，在技术选择、技术标准制定和技术标准推广的过程中，技术标准化能力主要体现在以下几方面。

（一）技术主导能力

技术主导能力是指在特定行业或领域，能够有效地掌握和引领技术发展的能力。这种能力不仅体现在对新技术的研发和应用上，还包括在制定行业技术标准过程中拥有更高的话语权和影响力。具备技术主导能力的企业或组织通常拥有强大的研发团队和技术人才，能够不断推出具有竞争力的新产品和技术，引领行业技术发展方向。积极参与行业技术标准的制定和修订工作，通过提供技术支持和专业意见，影响标准的内容和制定方向。具备主导能力的企业能够整合产业链资源，建立完整的技术生态系统，推动行业内各方协同合作，形成技术主导地位。

另外，在国际舞台上拥有影响力，与国际组织、标准化机构以及其他国家的企业建立广泛的合作关系，参与国际标准制定和交流。通过技术主导能力，企业或组织能够更好地把握行业发展的机遇，应对挑战，推动技术创新和产业升级。拥有技术主导能力的企业往往能够在竞争激烈的市场中占据领先地位，为行业发展注入新的活力和动力。同时，他们在制定技术标准和规范方面的积极参与，也有助于提升整个行业的发展水平和国际竞争力。

技术标准化能力在很多方面能显著体现出企业的技术主导能力。首先，企业通过参与制定和推动行业技术标准的过程，展现了在技术研发和创新方面的领导地位和专业能力。积极参与标准制定，能够塑造行业未来发展的方向和趋势，使企业在技术上保持领先地位。其次，技术标准化能力体现在企业产品质量和性能的提升上。制定行业标准可以推动产品设计、制造和服务的提升，确保产品达到国际先进水平，并且具备更好的稳定性、安全性和可靠性，从而提升消费者的满意度和信任度。此外，技术标准化能力还体现在企业的市场竞争力和品牌影响力上。拥有自己制定的技术标准，意味着企业在市场上可以建立起独特的竞争优势，形成一定的壁垒，吸引更多的客户和合作伙伴，提升品牌的知名度和价值。除此之外，技术标准化能力还反映了企业对创新和持续改进的承诺。参与制定技术标准需要不断地研究和创新，来推动行业技术水平的提升，促进产业的发展和升级。这种持续的创新能力将使企业能够适应市场的变化和挑战，保持竞争优势。最后，技术标准化能力还有助于企业拓展国际市场和开展国际合作。制定国际化的技术标准，有利于企业在全球范围内开展业务，并与国际上的同行进行交流与合作，实现资源共享和共赢发展。我国学者戴海闻在研究中指出，高技术产业的主导设计是基于不同技术轨道相互竞争，最终获胜并被广泛采用的技术标准，技术标准化能力集中反映了企业在特定行业的技术主导优势和竞争实力。裘涵等也认同上述观点，他通过企业在市场产品发展中的支配功能表明企业主导能力在技术标准形成过程中的重要作用。

（二）技术创新能力

技术创新与技术标准相辅相成，很多学者在研究中指出拥有技术标准化能力的企业通常具备一定的技术开拓和探索精神，因此具备标准化能力的公司同时拥有一定的技术创新能力。企业在技术探索和技术研发的过程中，通常会围绕行业技术标准进行技术选择和规范，尽量将自身的创新活动及核心技术纳入标准效率轨道。技术的协调发展及其创新需要与技术标准化紧密结合。技术标准化能力较强的企业具有将纷乱的技术创新转化为系统化技术创新活动的能力。这种能力一方面体现在企业能够及时对各种新技术和创新进行评估和整合，识别出对企业和行业有益的创新方向和重点领域。通过参与制定技术标准的过程，企业能够将不同的技术创新纳入系统化的框架和规范中，从而加速技术创新的发展和应用。另一方面，技术标准化能力强的企业可以将技术创新发展纳入效率轨道。制定和遵循技术标准可以提高技术开发和应用过程的效率和质量，降低开发成本和风险。企业在制定标准的过程中，会对技术创新进行合理规划和管理，确保技术创新活动朝着可控、高效的方向发展，最大限度地实现技术创新的商业化和产业化。此外，技术标准化能力强的企业能够有效防止无效创新带来的损失。通过建立行业标准和技术规范，企业可以减少重复研发和无效投入，避免走弯路和浪费资源。技术标准化使得创新活动更加有针对性和系统化，帮助企业筛选出具有商业前景和市场需求的创新项目，减少不必要的技术冗余和失败风险。技术创新水平和速度分别决定了技术标准的水平和更新速度，技术标准是技术积累和发展的基础平台，它会左右技术创新方向，还会促进企业技术创新活动的有效开展。

技术标准化在促进产业技术发展、扩散和协同共享的过程中，集中反映了企业的技术创新能力。首先，企业参与制定技术标准需要具备先进的技术水平和创新能力。通过积极参与标准制定工作，企业可以引领行业技术的发展方向，提出新的技术要求和规范，激励自身和其他企业进行技术创新，以满足标准要求和市场需求。企业制定行业标准有助于推动技术的广泛应用和普及。通过分享自身的技术经验和成果，企业可以消除技术壁垒，促进不同企业之间的技术交流与合作，实现技术资源的共享和优势互补，加速产业发展。参与制定和遵循技术标准有助于企业提升产品质量和竞争力。技术标准规定了产品的性能要求、测试方法和生产流程，帮助企业确保产品达到标准要求，提升产品的质量和可靠性，增强市场竞争力。其次，制定统一的技术标准可以加强供应链中各个环节的协调与配合，降低生产成本，提高效率，促进产业协作共赢。企业通过制定和遵循共同的标准，能够更好地整合产业资源，推动产业生态系统的健康发展。最后，参与国际化的技术标准制定有助于企业提升国际竞争力和影响力。在国际标准化的过程中，企业能够与国际同行进行合作和交流，了解国际市场的最新动态和发展趋势，拓展海外市场和增加合作机会，推动企业的国际化发展。

（三）技术集成能力

约翰·彼得·默曼（Murmann J P）学者认为技术标准代表特定产品或服务在知识和经验方面的集成，是关于产品模块化的系统技术整合。集成创新及复杂产品的模块化生产与设计使得技术之间的协调需要标准来统一规范，主要涉及模块的界定、规则的制定和协同规范等。不同技术及模块之间的协同与耦合需要统一技术标准对其进行规范，这对促进技术整合和系统互操作性至关重要。首先，技术标准的制定可以确保不同技术和模块之间的协同工作顺利进行。在复杂的技术系统中，不同模块或组件往往由不同的团队或厂商开发，它们之间需要相互协作和交互。通过制定统一的技术标准，可以明确各个模块的接口、数据格式、通信协议等规范，确保不同模块之间能够有效地通信和协同工作，降低集成和部署的复杂性和风险。其次，不同技术和模块遵循统一的技术标准后，可以更加容易地实现互操作，即使是来自不同厂商或开发团队的模块也可以无缝集成到系统中。这种互操作性不仅提高了系统的灵活性和可扩展性，还降低了整体系统的维护成本和风险。此外，通过制定开放、通用的技术标准，可以激发更多的创新和竞争，推动行业向前发展。技术标准化使得不同的技术团队可以在共同的技术框架下进行合作和创新，加快新技术的应用和推广，为行业带来更多的发展机遇和可能性。最后，统一的技术标准可以确保产品的质量和性能达到一定的标准要求，减少因技术不兼容或集成不良导致的问题和故障。这将提升用户的整体体验，增强产品的市场竞争力，提高用户满意度。

因此，行业技术标准制定者往往具有很强的技术集成能力，在技术布局和内外部资源维系方面都具备一定的整合能力。有学者指出技术集成能力是为满足技术系统整体需求而依据市场环境变化，将企业内外部技术资源和信息进行有机整合并运用于实际的动态过程。技术集成能力能帮助企业实现不同资源要素的耦合匹配与协同发展，进而促进技术提升和产品创新。企业若想将自己倡导的技术范式推广为技术标准，必须加大力度提升企业技术集成能力，通过系统内各要素的竞争匹配，强化组织结构的网络化和联盟化，实现要素规模聚集及整个创新体系的形成。一方面，技术范式的推广涉及多个技术要素和领域的整合，企业需要具备较高的技术集成能力，能够将各种技术要素有效地融合和整合，形成完整的技术体系。这需要企业具备跨学科、跨领域的研发团队，能够协调不同技术领域的专业知识，快速响应市场需求。企业内部不同部门或团队之间的竞争和协作，可以激发创新活力，推动技术范式的不断演进和优化。有效的竞争匹配可以加速技术的孵化和应用，为技术标准的制定提供有力支持。另一方面，强化组织结构的网络化和联盟化是推广技术范式的关键步骤。企业可以通过建立内外部的合作联盟和技术生态系统，与其他企业、研究机构、行业组织等建立紧密合作关系，共享资源、知识和技术，加速技术范式的推广和标准化进程。网络化的组织结构可以帮助企业更好地应对市场变化和技术挑战，提升创新能力和竞争力。实现要素规模聚集和整个创新体系的形成是将技术范式推广为技术标准的关键环节。

（四）技术协同能力

我国学者邹思明在其关于标准化联盟的研究中指出技术的协同能力主要通过各模块协同合作与共同促进来体现，它除了对技术的各个环节进行有效协调与匹配，使来自不同品牌不同行业产品互相兼容之外，还充分调动并协调供应链上各相关利益主体之间的资源和关系，促进行业技术协同演化。技术不是单一存在的，它是一个相互协同与配合的体系，在实际生产和生活当中，各技术依据共同的目标和需求相互作用、相互依赖，彼此构成一个统一的整体。现代社会中的技术往往是复杂的系统，由多个技术领域、模块或组件组成。这些技术要素之间相互依存，通过协同配合实现特定的功能或解决特定的问题。例如，智能手机的功能集成涉及多个技术领域，包括通信技术、计算机技术、传感技术等，各技术之间相互协同配合，共同实现了手机的多功能性和智能化。技术的协同与配合在产业链和价值链中发挥重要作用。在现代产业中，不同企业和机构承担着不同的技术和生产环节，彼此之间通过技术的协同与配合形成完整的产业链条和价值链条。各个环节之间的协同作用使得产品的设计、生产、销售等环节无缝衔接，提高了整体效率和质量，促进了产业的发展和升级。此外，现代科技发展已经越来越强调跨学科、跨领域的融合与创新。不同领域的技术相互交叉，形成新的技术范式和解决方案。例如，生物医学工程结合生物学、医学和工程学知识，推动了医疗设备和治疗方法的创新，为人类健康事业发展带来了新的突破。技术的协同与配合也需要依托统一的技术标准和规范。通过制定和遵循统一的技术标准，不同技术可以在相同的框架下进行开发和应用，实现互操作性和协同工作。技术标准的制定促进了技术的整合和互通，推动了技术体系的完善和发展。

因此，技术协同能力在技术的发展、进步和协同等很多方面体现了企业的技术标准化能力。企业通过具备良好的技术协同能力，能够整合内部和外部的技术资源，搭建起跨部门、跨领域的合作平台。这种协同机制有助于加速技术的研发和创新，推动技术不断向前发展。通过共享和交流，企业可以汇聚更多的创新思想和资源，提高技术的水平和竞争力。技术协同能力有助于实现技术的协同应用和整合。企业通常面临多个技术模块或系统之间的集成和协作需求。具备良好的技术协同能力的企业可以有效地将各个技术模块和系统进行整合，实现技术的协同应用，提升系统的性能和功能。这种协同能力是技术标准化的重要基础，有助于确立统一的技术接口和规范，推动整体技术体系的完善和优化。技术协同能力还可以加强企业在技术标准制定过程中的影响力和话语权。通过积极参与技术协同合作和行业标准制定工作，企业可以在标准制定过程中发挥重要作用，推动行业技术标准的制定和更新。企业凭借良好的技术协同能力，能够为行业树立良好的技术典范，引领行业技术发展的方向和趋势。在快速变化的市场环境中，企业需要不断进行技术创新和适应变革。通过建立有效的技术协同机制，企业可以更加灵活地应对市场需求变化，及时调整和优化技术策略，保持竞争优势和持续创新能力。企业通过加强技术协同能力，能够推动技术的创新和整合，提升其在行业中的地位和影响力，实现持续发展。

三、技术标准化能力影响因素分析

技术标准化能力的影响因素是多方面的，涉及组织内部和外部环境等多个层面。对组织内部而言，自身的技术实力和研发能力是影响技术标准化能力的关键因素。拥有先进的技术水平和强大的研发团队能够更好地参与技术标准的制定和推广。另外，创新的组织文化以及灵活高效的管理模式有助于促进技术标准化能力的发展。鼓励员工交流合作、接受新思想和技术，有利于推动技术标准的制定和实施。于外部环境因素而言，对技术标准的需求和竞争压力会促使组织加大技术标准化的力度。在竞争激烈的市场中，拥有先进的技术标准能够提升产品竞争力。政府出台的技术标准相关的政策法规和产业政策对组织的技术标准化能力有重要影响。政策的支持和指导可以推动技术标准化工作的开展和落实。

另外，积极参与行业内部和国际上的技术标准制定和合作，可以提升组织的技术标准化水平，获取最新的技术动态和标准信息，推动技术的国际化应用和交流。技术标准化能力的发展和提升需要组织内外多方面的支持和努力。组织应积极应对外部环境的变化，加强内部技术实力和管理能力建设，形成良好的技术标准化能力，从而推动技术标准的制定、实施和应用，提升企业的竞争力和创新能力。

曾德明和伍燕妩等学者在研究技术选择、技术标准制定和技术标准发布实施的技术标准化过程中指出，技术标准化能力的影响因素可以从三个层面进行分析：首先是技术选择层面，主要受企业技术基础、技术创新水平和技术学习能力的影响；其次是技术标准的成功制定，主要取决于企业专业人员的标准化水平、标准化费用的投入、企业领导力以及政府政策倾向等；最后，企业的资金实力、行业主导能力、政策资本以及产品用户转换成本等都会影响技术标准的发布和实施。同时，也有学者通过外部市场和技术环境以及企业内部实际能力来分析其对企业技术标准化能力的影响。邹思明等学者则认为企业在组织间的网络关系是影响技术标准化能力形成的重要因素。王道平和韦小彦等学者则从企业的研发、管理和关系视角出发分析其对企业技术标准化能力的影响，其中研发方面的影响因素主要涉及研发方向、研发投入和研发资源的整合；管理方面主要包括内部管理能力和标准联盟管理能力；关系方面主要是指与其他企业的合作关系和竞争关系等。

技术标准通过对技术知识进行编码化处理，为企业内部技术知识的积累和发展提供基础，随着知识和经济的全球化程度进一步加深，技术标准在企业技术创新路径变革和技术跨领域融合过程中发挥着关键性的引导作用和桥梁作用。一方面通过约束多种多样的技术选择行为，将技术创新发展纳入效率轨道并锁定在某一特定范围内；另一方面，标准的兼容性特征和编码化过程能为企业建立一个开放、坚固、组织良好的技术基础结构，为新技术探索提供所需平台。有学者在研究技术选择与技术创新关系时指出，企业在自身熟悉的核心技术领域会通过技术关联形成特定路径的技术知识积累。技术标准作为一种技术规范和技术联系的工具，它会对跨领域技术融合进行选择并限定创新方向。可见，技术标准的形成意味着技术路径的确定。因此，企业通过将自身倡导的技术推广为行业标准，可加速自身新技术的扩散，提高市场的接受程度，并有效影响国家标准及行业标准的内容，从而快速提升企业产品创新效率。不同企业技术之间的高度集成及互联互通需要统一的公开标准及合理的知识产权制度作为前提和保障。具有高标准制定影响力的企业更有优势将自身核心专利转化为标准，然后通过向技术标准使用者收取租金的方式为专利权人即技术标准倡导者带来巨大的经济收益。在利益驱动下，企业更有动力持续投入研发创新，保持技术的领先性和标准方案的采用率。然而，目前学者较多围绕“标准制定所带来的经济利益”来探讨企业参与标准制定的动机，而对企业具体的技术标准化能力如何影响企业的创新活动尚缺乏深入探讨，技术标准如何在跨领域技术融合与产品创新过程中发挥作用更是少有研究涉及。

第四节　环境动荡性的相关研究综述

一、环境动荡性的内涵

在开放式创新背景下，企业创新活动必然受到组织外部多种因素的影响。企业镶嵌在一个环境背景中，需要不断地从环境中获取资源并将其转换成产出分配到环境中去，组织与外部环境持续地发生着交互作用。环境动荡性作为在创新演化模型中以及大量技术管理文献中都提及过的反映环境特征的潜在权变变量受到了国内外学者的关注。自从有学者提出动荡性的概念之后，学术界对环境动荡性的研究陆续取得了一定进展。对环境动荡性关注较早的一批学者从企业的外部和内部两方面出发探讨环境的动荡性，企业内部的组织文化、战略目标、部门结构、人力资源和部门之间的业务关系等都归属于公司的内部环境；而公司以外的全部要素都属于公司外部环境，涉及公司以外的技术、政策、制度、市场等。他在研究中还发现，不确定性和复杂多变性是外部环境的主要表现特征。乌尔里希·利希滕塔勒（Lichtenthaler U）认为动态环境主要表现为复杂性、不确定性和难以预测性的持续变化的程度，主要体现为环境的变化程度。而另外有学者从外部消费者需求变动的不确定性及产业技术波动的程度来重点阐述环境动荡性，或者从外部市场的购买及交易环境来洞悉企业环境的动荡性，主要强调交易市场复杂性和难以预测性两方面特征，可以采用市场交易价格的波动程度对其进行评估。罗伊·西默利（Simerly R L）大致赞同上述的观点，并综合了外部市场竞争强度、消费者需求变化、技术波动程度、产品生命周期等多方面因素考察了企业面临的外部环境的复杂性与不确定性。

相比国外学者，我国大部分开展环境动荡性研究的学者基本上持有相似观点。林萍认同国外学者保罗·帕夫洛（Pavlou P A）的观点，认为外部消费者需求变化的复杂性及技术波动的难以预测性是公司环境动荡性的主要表现形式。张晓昱与朱慧明从外部整体环境波动的程度和幅度出发，将环境动荡性分为静态和动态两种，动态是指外部环境波动的程度及幅度很明显且剧烈，静态是指企业感受不到外部环境的明显变化。尚航标、廖春晓和陈立勇将环境动荡性定义为外部市场与技术变化的复杂性和不可预测性，同时，他们还指出市场需求的快速变化及技术波动的不确定性会给企业带来前所未有的挑战，同时也会给企业的创新和发展提供潜在的机遇。周晓东也持相同的观点，认为变化的市场环境既会给企业带来新的市场机会，也会给企业带来一定的威胁，企业必须重点把握不断变化的市场环境，他还进一步指出企业可以从变化的对象、变化的速度和变化的方向三个方面来应对快速变化的外部环境。在分析企业技术创新和资源分配以及产品创新过程中，外部环境是一个需要重点考虑的因素。因为企业的创新方向及战略目标或多或少都会受到外部市场和技术环境的影响和制约。绝大部分学者都一致认为环境动荡性主要由市场和技术的变化引起，它们是影响企业内部结构、资源配置及创新过程的主要外部变量，同时还会进一步影响与技术融合相关的吸收力、可行性及不确定性。

二、环境动荡性的维度划分

现有研究中关于环境动荡性的维度划分，主要基于两方面视角进行分析和探讨，一方面以动荡性特征作为分类标准，比如周晓东基于外部市场需求变化、竞争强度及技术波动的变化程度出发，从简单复杂与稳态动态两方面将环境动荡性归纳为四种类型。有学者通过环境的波动性、复杂性和稳定性程度三方面特征来辨析环境动荡性。波动性是指外部环境的波动幅度大小，复杂性是指外部环境的变化速度与程度，稳定性是指外部环境的可预测性。而另外有学者则从外部环境的异质性、敌对性和中立性三方面动荡特征出发考察企业外部环境的动荡性程度。另一方面是在动荡性的研究基础上，以环境类型作为分类标准，比如，有学者从市场竞争、顾客构成及需求偏好三方面外部环境特征来研究环境的动荡性程度。另外也有学者持类似的观点，主要从技术变化环境、消费者需求环境和竞争市场环境来重点分析企业环境动荡性对公司绩效的影响。还有学者在其研究中指出环境动荡性所涉及的环境主要包括产品、需求、技术和竞争四个方面，但他在具体的环境分析中指出产品环境实质上反映了技术变革周期的长短，可与技术环境归为一类，而需求和竞争都反映了市场的变化及特征，可以将它们一起归纳到市场环境。同时，有学者重点从技术和市场两方面视角来考察企业所处外部环境的动荡性。在此之后，大部分学者认为在企业外部环境中，技术发展和市场需求的动荡影响是企业生存和发展最重要的两个外部因素。同时，王永贵在其研究中基于外部市场和技术环境来分析企业所处外部环境对企业创新活动的影响。谢洪明从市场竞争状况的波动及技术环境的变化两方面因素分析企业外部环境在市场导向与公司绩效两者之间的调节效应。朱秀梅和姜洋持有类似的观点，他们也是基于市场和技术两方面主要特征分析环境动荡性对企业知识基础治理与产品创新之间关系的影响。

基于上述分析，本书参考国内外学者的研究成果，从市场竞争强度加剧、消费者需求偏好不断变化、技术日新月异、产品周期不断缩短等外部环境特征出发，将环境动荡性大致分为市场动荡性与技术动荡性。技术动荡性主要指外部技术环境变化的复杂性和难以预测性。一般来说，技术的变革既可能存在一定破坏性，也可能带来新的机遇和挑战，但对具体企业的特定创新而言，毫无疑问会给企业创新带来一定程度的难度，有些企业甚至都没有足够的能力去应对快速变化的技术环境，那些对未来市场有远见的企业，也需要拿出足够的成本来与动荡的技术环境长期抗争和共存。市场动荡性指市场变化的不确定性和不可预测性，主要包括顾客需求及偏好的快速变化、市场竞争强度加剧和产品生命周期缩短等。随着经济全球化程度的进一步加深，我国企业为获取持续的竞争优势，必须具备对外部竞争市场及消费者需求变化的外部环境及时采取应对措施的能力，有效避免因外部环境快速变化所造成的失败。在动态变化的市场环境中，企业现有产品很难长期满足市场需求，企业需要根据消费者需求及偏好的快速变化适时调整企业的产品开发战略，以获取价值资源和先发优势。

三、环境动荡性与产品创新关系分析

环境动荡性指产业中技术变革和市场需求变化的不稳定性和不确定性程度，以及这些变化的不可预测性程度。科技发展、技术进步、产业转型、客户需求变化和竞争策略变动等都是当前外部环境动荡性的表现。目前，绝大部分学者主要通过技术动荡性和市场动荡性对外部环境的变化程度进行划分。技术动荡性是指企业所处行业的技术波动情况，包括技术创新程度及发展速度等，当企业面临的技术发展环境波动比较大时，公司既有的知识结构和技术发展模式易被快速淘汰，导致企业很难灵活突破外部市场和技术环境所带来的挑战。市场动荡性是指市场需求和客户需求变化的不稳定性和不确定性程度，包括消费者需求及偏好的快速更迭，以及客户新偏好和新客户产生的速度。在相对稳定或变化不明显的外部环

境中，面临来自竞争对手、消费需求和产品更新速度等的压力较小，企业可能没有很强的动力去开发新产品。当企业面临的市场发展环境竞争比较激烈时，企业必须根据消费者偏好及时做好应对措施，通过跨领域融合捕捉更多跨市场战略机遇，不断开发具有特色的新产品或新服务。因此，在技术高速发展及产业转型的迫切需求下，环境的复杂性和不确定性显著影响企业开发新产品的各项经营活动。对于新能源汽车等高新技术产业，动荡的外部环境对企业创新行为的影响尤其显著。在开放式创新背景下，组织与外部环境持续地发生着交互作用，以技术演变为前提的外部环境会影响企业创新搜索的进程和特征。

近年来，众多学者基于外部市场和技术环境的不断变化，通过引入技术和市场等环境变量，围绕企业创新活动展开了丰富的研究。比如，有学者认为企业外部环境的技术动荡性会影响企业的整体战略选择，同时企业对于创新行为和后续商业化行为的投入也会受到技术环境快速变化的消极影响。而另外一些学者指出企业所处的技术环境越不稳定，越有利于激发企业创新斗志，越有利于产品创新项目的推进并提高企业绩效。蒙托亚－韦斯（Montoya-Weiss）通过553个日本产品创新项目实证揭示了技术动荡性不仅影响开发过程，同时也影响市场竞争优势及企业内部各部门之间的合作。罗杰·卡兰通（Calantone R J）研究了环境动荡性调节下创新导向、市场导向、风险意识三个变量对产品创新速度的影响机制，他发现企业所处的外部环境越动荡，创新导向、市场导向和风险意识三个变量对产品创新速度的影响就越明显。有学者以692项产品创新项目作为研究对象，分析在不同程度的市场动荡性环境下企业上市速度对新产品开发绩效的影响，研究发现企业在高度不确定的市场环境下，很容易以最快的速度将新产品推向市场并取得成功。同时，他还发现当市场环境相对比较稳定时，企业上市速度对新产品开发绩效不会产生明显的影响。穆雷·米尔森（Millson M R）探讨了环境动荡性调节作用下企业创新速度、创新能力、知识整合与产品创新及开发数量之间的关系，他还发现市场动荡性可以直接影响企业创新速度和创新熟练度。贾廷德·西杜（Sidhu J S）分析了技术环境动荡性对供应端和需求端跨界搜索与企业技术创新水平之间关系的调节效应，研究结果表明，企业所处的技术市场环境越动荡，供应端的跨界搜索越有利于提升企业技术创新水平，而当企业所处的技术环境越稳定时，供应端的跨界搜索反而越会阻碍企业的技术创新水平。另外有学者通过全球医药产业的专利数据研究了不同的技术环境水平下企业探索性搜索对企业技术创新水平的影响，结果显示企业越是开展不同领域的跨界搜索，越有利于提升企业的技术创新能力，同时在技术环境越动荡的条件下，企业探索性跨界搜索对企业技术创新水平的提升作用越显著。

综合上述分析，环境动荡性主要是通过市场和技术两方面因素对企业创新活动产生影响。在快速变化的技术环境下，企业既有的知识结构和技术发展模式可能易被快速淘汰，使得企业需要具备足够的实力才能有效应对技术市场快速变化带来的冲击。同时，在企业不断调整其组织行为以适应技术快速变化的过程中，常常存在调整时滞问题，动荡的技术环境可能会增加产品开发的模糊性和不确定性，加大意料之外的失败风险。随着经济全球化和信息技术的高速发展，企业所处的市场环境，包括顾客、合作伙伴、竞争对手、供应商、经销商、政府等市场信息也发生了翻天覆地的变化，而且这些市场信息一直处在动态变化的过程中，此时企业面对市场环境千变万化的具体情形，需要实时做好应对措施和准备。在快速变化的市场环境中，企业现有的技术和产品可能很难长期满足实际需求，企业需要根据消费者需求及偏好的快速变化适时调整企业的产品开发战略，以获取价值资源和先发优势。外部市场和技术环境的复杂程度反映了管理者在试图理解和响应外部环境变化时所面临的产品创新的不确定性和模糊性，考虑到本书分析的主体是跨领域技术融合与企业产品创新绩效之间的关系，尤其需要将外部技术和市场动荡性作为一个重要的调节变量纳入本书的分析模型中。

第五节　产品创新绩效的相关研究综述

一、产品创新绩效的概念与内涵

产品创新是指企业通过引入新的或改进的特征、功能、设计、材料或生产流程，以及应用新的技术或商业模式，从而开发出新产品或改进现有产品的过程。新产品既包括因科学技术在某一领域的重大发现所开发的全新产品，也包括在功能或形态上有别于现有产品的新变化，甚至只是从原有市场进入新市场的产品。例如，有学者在对生物工程行业产品创新过程的研究中指出，该行业新产品既包括经监管部门批准上市的新生物产品，也包括在临床试验阶段的产品。或者从企业和市场两方面出发将新产品分为全新型产品、模仿型新产品、改进型新产品、补充型新产品、降低成本型新产品和重新定位型新产品。整体而言，现有研究主要从企业、市场和技术三方面视角定义新产品。首先，从技术方面来看，一些学者认为产品创新指通过新技术原理和新设计构思，在产品结构、功能和形式上对现有产品进行改进的产品。其次，对企业而言，有学者认为第一次生产销售的产品都可以叫作新产品，即使有些技术已经在产业得到了应用，或者其他企业已研发该产品满足了相应的市场需求，但只要该产品中包含企业以前没有使用过的技术，或满足了企业之前所不熟悉的市场需求，对企业而言都可以定位成新产品。另外有学者也提出了同样的观点，认为无论产品对市场而言是否是新的，只要对企业而言是第一次接触，就可以定义为该企业的新产品。最后，对市场而言，只有第一次出现的产品才叫作新产品，即该产品中包含整个产业中从未出现过的新技术或新功能特征。

产品创新被视为一项复杂的系统工程，是从根据用户需求提出产品设计构思到正式进行生产，最后再将产品投放市场的全过程，其中包括产品定义、技术评估、产品设计、产品研发、产品测试与改进和商业化等一系列环节。穆继峰认为开发一项新产品是从理念或技术被设计、实现并最终投放至市场的过程。有学者指出产品创新的关键是及时获取精准的最新市场信息。另外一些学者将产品创新定义为从概念化的想法到新产品或改进产品的市场发布过程。产品创新是企业研究与开发的重点内容，也是企业生存和可持续发展的战略核心之一。对大多数公司而言，产品创新主要是改进现有产品而非创造全新产品。随着科学技术的迅猛发展，产品创新日益凸显出个性化、智能化、微型化等发展特征。公司在把现有的人力、物力和财力等资源分配到产品项目开发时，需要准确地把握产品创新方向，重点需要考虑以下几方面：①产品的功能及特征。企业在计划开发一款新产品时，要充分了解该产品所包含的技术特征及其功能用途，确保其性能及特征不会被市场现有产品轻松替代，尽量争取开发的新产品有一定持久性和不可替代性。②市场需求方向的改变。通常情况下，企业需要花费一定的时间才能成功开发一项新产品，因此企业应根据消费者的需求变化快速调整产品开发方向，争取同消费者与时俱进，甚至走在消费者前面。③企业的技术实力及研发团队建设。产品的核心价值需要一定的技术作为支撑，而技术是由专业人才研发出来的，因此研发团队建设和技术力量储备对于企业生存和发展至关重要。

绩效是企业有目的地开展一系列活动之后的有效产出，管理者通过运用一定的指标体系对组织的整体运营效果及各种战略决策做出的概括性评价。范钧和聂津君等学者认为产品创新和开发是企业在激烈的市场竞争中维持竞争优势并实现可持续发展的重要环节。因此，产品创新绩效可以被看成企业在新产品的构思、设计、开发、测试与改良并在商业化全过程中所体现出来的效率与效果的综合，属于公司绩效等相关研究中的关键分支，同时也被视为战略管理及创新研究中的重要结果变量。一些学者在研究中发现新产品开发绩效是从一开始的设想、研究开发到正式进行生产，最后再将产品投放市场整个过程中所取得效果与成败的一种衡量和评价。也有学者认为产品创新绩效主要指企业在坚持实现客户需求及遵循质量管理等运营方面的组织绩效。另外一些学者则从产品质量、上市及时性等经营效率层面来衡量企业的产品创新绩效。张慧颖和李振东对此持有相似的观点，认为产品创新程度及企业内部创新能力是产品创新绩效的重要体现。随着科学技术的飞速发展和产品开发周期不断缩短，有关产品创新及开发活动的相关研究逐步受到广大学者的关注。

二、产品创新绩效的影响因素分析

产品创新旨在满足市场需求、提升产品竞争力，并促进企业的增长和发展。在技术高速发展、竞争日益激烈的市场环境中，企业维持和获取竞争优势的关键在于不断研发和推出符合市场需求的新产品。然而，随着新一代信息技术与传统产业的深度融合，产品创新日益向多样化、复合化、智能化和系统化方向发展，尤其针对新能源汽车等复杂产品更是如此。因此，为了降低产品研发风险，我们需要根据企业内外部资源的优势和劣势全面考虑产品创新绩效的影响因素。近年来，国内外学者针对产品创新绩效的影响因素展开了丰富的研究，主要包括以下几类。

（一）产品战略导向

产品战略导向是指企业根据市场需求和自身资源条件，通过改良现有产品或开发新产品以满足市场需要，扩大销售的一种战略行为。企业在开发新产品过程中，战略作为企业产品开发的军事路线图，通过引导管理者合理分配人、财、物等资源来明确产品开发方向。因此，不同战略导向对产品创新绩效会具有不同程度的作用机制。现有研究在探讨产品创新过程中主要从市场导向、技术导向和创新导向等方面出发进行分析，也有学者将创新导向视为创业导向。如市场导向的拉动作用将引导企业重点关注市场信息来开拓产品价值。有学者基于用户、竞争对手和技术三方面战略导向，深入分析其在企业产品开发过程中的重要影响。研究发现，顾客、技术和市场三方面导向均在一定程度上受到市场环境的作用，当外部消费者需求变化波动比较大时，企业实行顾客导向和技术导向更有利于促进产品创新绩效，其中技术导向是产品创新的基础。一些学者依据资源基础观，从战略管理角度出发深入探究了企业技术和市场导向对产品创新及开发绩效的影响。学者指出市场导向更有利于提升新产品的价值意义，而技术导向更有可能增加产品的新颖程度。另外有学者在研究中指出市场和创新导向均有利于提升企业产品创新绩效，其研究发现市场导向的拉动作用将引导企业重点关注市场信息来开拓产品价值，创新导向主要基于企业产品创新水平、知识管理及其产权分配来评估其对产品绩效水平的重要作用。市场导向容易引导管理者过多关注顾客的需求而忽视产品创新思维，创新导向可能会导致管理者过于注重技术创新驱动而忽略实际市场需求。因此，笔者强调，由于市场和创新导向各自不同的作用机制，为避免顾此失彼，在产品创新的探索过程中需要合理平衡并调节市场导向和创新导向的权重效应。张婧等人在对上百所制造业公司进行深入研究之后得知，无论是市场导向还是创新导向均有利于提升企业产品创新绩效。景江和陈璐等学者在探索创业导向对企业学习方式与产品创新绩效之间关系的影响中发现，创业导向除了对直接激励企业产品创新绩效提升具有显著作用之外，还可以基于企业的渐进式学习与突破式学习这两种学习方式积极作用于产品创新绩效。王永贵和邢金刚等学者也探讨了市场导向对企业产品创新绩效的重要影响，并指出基于外部竞争环境及消费者需求偏好快速变化的市场导向有利于激励企业开发更多新产品以满足市场的实际需求。

（二）产业市场环境

有学者认为相对其他因素，企业所处的外部环境或许对组织行为与决策的影响更大。外部环境作为重要的权变变量进入学术界研究框架，其对产品创新绩效及其前因变量关系的调节作用得到了国内外学者的广泛关注。一些学者在研究中发现，外部环境的不确定性对战略决策综合性与产品创新绩效之间的关系会产生重要影响，其中技术不确定性负向影响战略决策综合性与产品创新绩效之间的关系，而需求不确定性正向影响两者之间的关系。俞仁智和何洁芳在研究组织层面的公司企业家精神与新产品创新绩效关系时发现，环境不确定性在企业家精神与新产品创新绩效的关系中起着重要的调节作用。陈力和宣国良则在研究中指出，外部市场环境的动态性、企业所研发新产品的技术成熟度以及顾客的特性都会影响产品创新的绩效，不同的市场动态性决定了不同的顾客知识整合策略对新产品绩效具有不同的影响。廖勇海和刘益等人通过采用Meta分析方法，定量化综合分析了产品创新研究领域关于新产品绩效的独立研究成果，发现产品创新速度、产品创新程度以及产品竞争优势等都会受到国家文化、行业标准和技术基础的显著影响。有学者则针对企业间研发联盟展开研究得出，联盟知识获取对产品创新绩效的影响还需考虑联盟伙伴间的技术关联以及产品市场竞争程度。此外，也有学者从影响路径视角探讨了产业市场环境在产品创新中的角色，如赵文红和原长弘等学者认为企业影响政府的能力和影响行业标准的能力可以有效降低政治环境和市场环境的不确定性，从而提高产品创新绩效。

（三）企业内外部协调整合能力

随着产品创新活动复杂性不断增加，企业研发部门很难仅依靠自身力量单独实现产品开发任务，企业内部各部门之间以及企业与外部组织之间的协同合作逐渐成为产品创新过程中的重要影响因素。组织内部各部门之间的协调整合能力主要强调各部门之间在共同参与产品创新项目过程中的相互支持与配合。比如，周健明和陈明枫等学者在研究中发现，企业内部整合能力能显著提高产品创新绩效。陈力、宣国良和秦剑等学者则具体研究了跨职能部门的知识整合能力对提升企业的产品创新绩效的积极作用。此外，除了企业内部各部门之间的协调与整合，高度复杂产品的开发还需要跨领域技术知识的协作，越来越多的企业开始通过与外部组织之间协作来共同开发新产品，以获取更多创新资源，降低研发风险，从而提高创新成功率。比如，吴家喜和吴贵生在研究中发现，与供应商、顾客，甚至竞争者进行合作与信息共享的企业比不愿意进行整合的企业更容易获得竞争优势。周健明和陈明研究表明企业对外部知识的有效整合，能够极大地促进新技术的产生，进而开发更多新产品。曹勇等学者在研究中发现企业内部知识共享以及从外部获取的专业知识与信息能有效减少来自市场、技术与资源等方面的不确定性。范钧和聂津君在研究顾客在线互动，知识共创与产品创新绩效关系时发现，企业与顾客的在线互动能显著促进新产品的成功开发。同时，谢恩和陈昕在研究中指出，企业对供应商的知识整合能力，一方面能加速产品开发速度，进而帮助企业获取先发优势；另一方面能有效改善产品开发的新颖性，从而提高企业产品竞争力。

三、产品创新绩效的测量

产品创新绩效的评估与测量是创新与产品创新研究中重点关注的焦点问题，国内外学者基于各自不同的研究视角对产品创新绩效的测量指标进行了丰富的研究，然而，受产品创新过程复杂性及技术和市场不确定性等诸多因素的影响，目前学术界尚未对产品创新绩效的测量方法达成共识。从现有研究成果来看，学者们主要通过开发量表和不开发量表两种方式对产品创新绩效进行测度，归纳如下。

通过开发量表的方式测量产品创新绩效。国内外学者通过开发量表的方式测量产品创新绩效发现，可以从多个视角衡量企业产品创新绩效，且不同视角的测度方法及指标选择也各不相同。现有研究主要从企业财务绩效、市场绩效、机会窗口、顾客接受度、技术绩效、质量和创新绩效等多方面因素开发新产品绩效量表。有学者最先从机会窗口、财务绩效和市场绩效三方面视角衡量企业产品创新绩效。其中财务绩效是指在利润和成本方面主要通过新产品的目标达成度、获利能力和满意度进行测量；市场绩效则是相对于预期目标和竞争者而言，主要通过市场占有率和相对销售额进行评估；机会窗口则主要聚焦于公司随着产品开发迎来的新的市场机会、策略联盟机会以及未来产品机会等。有学者通过对上百家企业的产品研发负责人进行深度访谈和调研得知，产品创新绩效重点可以从用户接受程度、产品创新程度、公司财务收益及企业发展程度四个方面进行测度。一些学者主要从产品创新效率、产品品质和产品创新程度三个层面来评估企业的产品创新绩效。他们在研究中重点强调了产品的创新程度虽然在短期内可能看不到明显收益，但却是产品创新绩效的一个重要评判标准。另外一些学者则在研究中着重探讨从产品开发过程及产品创新能力方面评估企业的产品创新绩效。

此外，还有很多研究在不开发量表的情况下，通过财务指标或非财务指标对产品创新绩效进行测量，有学者通过采用新产品的平均市场销售额来测量产品创新绩效。一些学者在研究中主要采用新产品发布数量来测量产品创新绩效。也有学者提出了类似的观点，认为可以通过统计企业当年开发和投放市场的新产品数量来衡量企业产品创新绩效。比如，有学者以美国制药行业作为研究对象，采用新药物的审批数据测量企业的产品创新绩效。我国学者陈培祯和曾德明等通过新产品数量来测量产品创新绩效。当然，也有学者指出新产品质量、新产品上市速度和产品创新程度也是衡量产品创新绩效的重要因素。比如，汪涛和郭锐等学者通过新产品质量、产品创新相对主要竞争对手成功的程度来衡量产品创新绩效。于晓宇通过评估企业在新产品数量、新产品上市速度、新产品质量等方面与主要竞争对手进行对比，来度量产品创新绩效。另外有学者则以产品新颖度和新产品成功率来衡量产品创新绩效。张慧颖和李振东等人选取专利发明数、新产品种类的增加及产品创新周期来测量产品创新绩效。梁杰和谢恩则都认为产品新颖程度和新产品数量是产品创新活动中最重要的两个绩效指标。借鉴已有研究，本书主要基于产品新颖程度及其数量来测度企业产品创新绩效。

第三章　跨领域技术融合的形成与演化

第一节　技术跨领域融合机制分析

一、技术的本质

从18世纪末詹姆斯·瓦特成功发明第一台蒸汽机开始，全球依次经历了蒸汽技术革命、电力技术革命、计算机及信息技术革命到现在的全新技术革命，我们的生产和生活也陆续经历了机械化、电气化、自动化到现在的智能化。技术一直在决定和改变着我们的生产和生活方式，它不动声色地创造着这个时代出现的每一次重大变革，同时也决定着未来经济发展走向。虽然技术如此重要，我们也理解各个时代不同领域技术的基本原理，但我们却很少深入思考技术的本质及其意义，也就是技术从何而来，又将通往何处。我国学者刘锋和陈士俊认为技术的本质是对具体技术的抽象，也就是说每一项技术都不是独立存在的，它们通常是由各种因素、条件和经验等交织而成，是相关知识的集成体。比如，在化工企业中围绕生产经营这一核心任务，技术的范畴不仅涵盖了工艺、设备、安全、环保等专业知识的生产技术，同时还包括了前期规划、筹备管理、工程管理、供销管理以及标准化等多方面的知识体系。刘锋和陈士俊还进一步按照技术存在的形态将技术分为人格化形态技术、物质化形态技术和信息化形态技术三种类型。技术表现的人格化特征主要把使用该技术的主体的经验总结和技巧突破作为关注的焦点，关注的首要对象通常不是技术本身，而是使用该类技术的主体，技术的人格化特征往往体现在技术应用的最初阶段；技术的物化形态特征主要体现在技术的实践应用方面，关注的焦点通常是基于现实需求和困境，围绕现有技术和原来的设计，不断根据新需求、新问题进行改进和加工，同时借助信息化和智能化等手段使生产工艺在技术发展进程中不断突破升级，从而达到超越原物化形态技术层面的目的。技术的信息化形态主要关注的是技术的流通属性，非常重视流通中的技术资源的规格化和标准化管理。

国外著名技术思想家及经济学家布莱恩·阿瑟（Arthur W B）和众多学者则认为技术的本质是对现象和需求进行有目的的编程。他们从人类最初是怎么打造粗陋的石器到怎么完成复杂的石油冶炼，再从莱特兄弟的简易飞行器到火箭和航天飞机的发明，还有万维网、基因编辑、水力发电、人工智能等，通过各种引人入胜的有关技术进化和创新的例子指出技术不是死的，它活生生地处在源源不断的进化过程中，且拥有自己的进化方向。同时，技术系统还具有自创造、自生长、自适应和自发展等能力，也就是说技术结构可以根据客观现象及现实需求进行自发形成、维持和演化，即技术系统内部组分可以通过技术之间的相互作用从无序到有序，或者从一种有序到另外一种有序进行不断改进和演化。比如真空二极管的出现，导致了三极管的产生，三极管的成功开发又引发了四极管、五极管的开发，后来电子管的发明带动了电子线路的发展，并进一步促进无线电、雷达、电视等技术的开发，以及陆续引发现代计算机技术和信息技术的全面发展和扩散等。布莱恩·阿瑟指出，任何一项新技术都不是无中生有被发明出来的，新技术都是在现有技术基础上依据新的现实需求被组合出的一组新的要素。比如黏合剂原先是涂在玻璃纸的背面作为透明胶带使用，后来由于新的需求出现，又可以被用在波音飞机的消音板上来抵抗声波的振动，还可以被涂在带电的玻璃表面装到显示器上组成智能手机的触摸屏等。再如全球定位系统，一开始是安装在飞机、轮船、汽车上进行导航，后来还可以辅助土地勘探、规划土地耕种等。可见，一项技术就像是化学反应中一个高度活跃的成分，虽然自己只参与了各种技术组合中的某一项功能，但它可以主导和左右不同的组合，可以在组合中同其他技术进行匹配，为不同的目的进一步组合成各种各样的可能性。技术的本质内涵主要包括以下三层定义：第一，技术是实现人目的的一种手段。它可以是一种方法，比如语音识别算法；也可以是一个过程，比如化学工程中的过滤法；还可以是一项装置，比如柴油发动机。技术可以是简单的也可以是复杂的，可以是物质的也可以是非物质的。当我们强调技术是一种软件的时候，我们看到的是过程和方法；而当我们强调技术是一种硬件的时候，我们看到的是具体的物理设备。第二，技术是实践和元器件的集成。比如电子技术和生物技术等，它们都是技术的集合或者技术工具箱。第三，技术是可以运用在某种文化中的装置和工程实践的集合。换句话说，技术是人类所有过去和现存技术的总和，产生于对各种各样自然现象的应用。

二、技术跨领域融合进化

在对技术的本质与内涵进行明确阐述和界定之后，我们接下来需要重点关注技术是如何进化的，也就是新技术是怎么产生的。从最初的手工工具，到后来的蒸汽技术、电力技术、计算机技术，以至今日的海洋技术、新能源技术、纳米技术和生物技术，再到现在最新出现的多种融合型技术等，包括布莱恩·阿瑟在内的很多学者都一致认为技术进化主要包括三种形式，即技术的协调进化、主导技术带动一般技术的进化以及技术的组合进化，其中技术进化的主要机制是组合进化。技术组合进化是指技术的进化一开始都是由一个个单一简单的技术不断组合形成各种新的技术模块，再演变成各式各样复杂的技术形式。也就是说技术并不是一个从无到有被发明出的全新东西，而是把一些现有的元素进行连接组合，推陈出新的结果。比如，古腾堡发明的印刷机就是不同领域技术组合进化的典型案例，印刷机的组成元素主要包括印刷术、螺旋压榨技术以及油墨和纸张生产技术等，而这些技术早在先前就已经具备了。一些学者在研究中指出，所有技术都是可以相互关联的，它们既能相互渗透，也能互为条件。技术元素之间的关系比技术本身更重要，对技术元素间关系的认知反映企业利用技术元素开展技术创新的特定方式。弗雷德里克·哈克林认为技术融合属于一种特定的技术创新方式，该创新方式主要基于技术元素之间组合关系的重新调整。

21世纪以来，随着信息、生物、纳米和认知技术的多点突破和交叉融合，跨领域技术融合已成为技术进化的必然趋势和选择，技术的发展呈现出群体创新突破和协同进化的态势，技术组合进化将朝着生活智能、资源节约、环境友好和生态安全等方向继续前进。从技术进化的规律来看，技术之所以呈现出越来越复杂多样的结构特征，是由于技术作为一个体系，它的存在并不是静止不变的，而是活生生地处在源源不断的融合进化过程中，各种来自不同领域的原始技术通过融合、渗透衍生出新的技术。同时，随着技术的不断累积和综合，以及标准化和模块化技术的逐渐形成，现存技术组合成各种各样的技术可能性的概率越来越大，可以在组合中同其他技术进行匹配的可能性出现暴增的现象。因而，现代技术的发展创新是一个不断走向模块化和整体化的过程，一项新兴技术往往综合了多个不同领域的科学知识，同时也可以根据实际需求应用到各个不同领域。比如激光技术，可以用作钻头或手术刀，还可以用于制作激光唱片和激光录像等。模块化技术是技术系统不断进化和完善的结构性表现，一个复杂的产品系统往往由多个技术模块组成，各模块间的松散耦合依据特定的技术标准或界面标准集成为一个整体的复杂产品系统。因此，在高技术产业，尤其是新能源汽车等复杂产品创新领域，产品往往由多个技术模块共同拼装形成，不同模块的企业互相依赖，形成一个复杂的技术体系。模块化带来了全新的生产方式，并实现了从线性创新到交互式创新的演进，模块化设计、生产与消费要求标准的兼容性和规范化特征对不同技术进行统一协同。所以，在技术创新发展进程中，我们可以通过捕捉各种现象，根据对现象和需求的有目的编程，在现有技术基础上为不同目的进一步组合成各种各样的技术可能性。比如，谷歌后台的超链接搜索算法是谷歌创始人拉里·佩奇和谢尔盖·布林通过观察人们日常检索内容时会利用文章之间的交叉引用现象开发出来的。

三、技术融合创新机制分析

21 世纪以来，信息、生物、新材料和新能源等多种新兴技术的交叉融合，极大地改变了社会组织结构和人们的生活方式，技术融合对经济发展和产业变革的影响越发强烈。有学者认为经济和产品都是从技术中浮现，是技术的一种表达方式，新技术会带来新的解决方案，同时也会引发经济和产品的不断演变。在经济不断进化和演变的过程中，当出现某个大家都特别关心却难以解决的问题时，不同领域的研究主体或利益相关者就会抛开固有的思维定式，放弃原来使用的技术规范，重新选择一套新的规范，这个过程被布莱恩·阿瑟教授称之为“重新域定”，“重新域定”往往会产生新的技术，甚至带来颠覆性改变。其中的“域定”是指在我们面对一个问题或开展一项任务之前，需要确切知道具体使用哪组技术组成的工具箱和相应的规范进行解决，这组技术往往能捕捉相似的现象，具备同类能力，可以完成共同的目标。比如，无线电工程是一个域，数字技术也是一个域。在理解“重新域定”的基础上，布莱恩·阿瑟教授进一步强调，所有的创新都是在新的可能的世界中把旧的任务不断进行重新表达的过程。比如，听音乐这项任务，在过去主要采用黑胶唱片，通过模拟的方式对信息进行处理；后来因为数字处理方式便出现了我们熟知的 CD；然后到现在的手机、随身听等各种移动设备都能下载音乐。再如，购物这项贯穿日常的旧任务，随着互联网信息技术的出现，发生了翻天覆地的变化。

在技术组合进化过程中，另一个和“重新域定”非常不一样却又同等重要的创新机制是“标准工程”，它是在知识和技能经过长年累月的积累和认知的基础上，从现有技术带来的标准问题中提炼出标准的解决方案，并根据经验对其进行逐步改进的过程。比如耦合旋转轴的 19 种方法、15 种不同的凸轮结构和 5 种振荡器的使用方法等，都可以被视为一项项标准解决方案。这些标准解决方案往往是经过反复使用和验证之后形成的一套新的通用模式，也可以说是一个个新的技术架构，它会随着经验的累积产生微小的改进，这些微小的改进会聚集在一起被反复使用。例如，瑞士工程师马亚尔通过组合不同领域的普通技术创造的一系列大桥，都运用了标准工程这个创新机制。他创造的这些桥采用的都是通用技术，只是在现有材料和结构的基础上进行了一些微小改进。马亚尔的整个设计其实只是将不同领域的普通技术组合在一起，但最终带来的效果却是既经济又具有创新性。可见，“标准工程”这个创新机制，最重要的不在于天才的创想，而在于对现有知识和技能进行深度理解和反复认知的基础上，通过对知识的深层次储备和不同技术要素的重新组合所形成的崭新创想。这种创意的产生常常源自对多个领域深入知识的掌握和理解，然后将这些看似不相关的元素重新组合和整合，创造出全新的概念、产品或解决方案。这种创想的过程通常涉及跨学科的思维和创新，能够推动科技进步和产业发展，为社会带来新的价值和成就。

第二节　跨领域技术融合的形成动因

一、技术创新扩散诱导

技术创新扩散泛指技术创新的传播过程，主要有两种表现形式：一种是创新技术供给者向潜在采用者转移创新技术的过程；另一种是潜在的采用者对创新技术的消化、吸收、使用和再创新的过程。技术创新扩散过程中的关联性技术通过渗透、扩散，融合到其他产业中，使得现有产业的技术发展路线及其产业的经营方式与内容得到前所未有的改变和完善，从而致使不同产业之间形成相似的技术知识基础并拥有可共同研发的技术知识平台。技术融合起始于技术的持续发展和进步，开发于知识流动和技术创新的持续扩散，没有技术创新扩散的诱导，技术融合也很难实现。技术研发主要有两种创新方式：一种是单纯地在原有技术基础上开拓创新，产生新的技术替代原有技术；另一种是将多种技术融合在一起，开发出一种具备新型功能的融合型技术。而任何一种技术发展到一定程度之后，其本身很难再有突破性进展，这时需要引进新的技术或新的技术组合方式进行技术融合创新。技术组合进化是指技术的进化一开始都是由一个个单一简单的技术不断组合形成各种新的技术模块，再演变成各式各样复杂的技术形式，模块化技术具备单一技术所不可企及的全新效应，比如生物技术与计算机科学融合而产生的生物信息技术，其中生物技术在计算机技术基础上打破了它的物理局限，而计算机技术为生物技术的发展提供了强有力的计算支撑。又如生物技术与纳米技术深度融合而创造的全新生物纳米技术，为用于治疗癌症的单克隆抗体药物与靶向药物传递技术等多种突破性新药打开了研发与市场空间。

消费需求的快速更迭与变化要求公司技术研制与产品开发更多偏向战略需求的集成创新导向，将多种具备不同功能的技术进行集成开发，有望研制出充分满足市场综合性需求的颠覆性产品。集成创新所引发的创新扩散不仅会流动在同一产业的不同企业之间，也可以在不同产业之间进行扩散。当创新同时扩散到多个不同领域时，知识溢出促使不同行业分享共同的技术知识基础，技术融合得以产生。随着一项新技术的大范围应用，其在运用和传递过程中必然会出现技术创新价值溢出，而创新价值的溢出又会进一步激发技术的不断创新和改进。我国学者王寅生在其研究中发现，信息技术的创新并没有对人类社会产生重大的影响，而对人类社会产生重大影响的是信息技术广泛地扩散运用到各个行业，包括航天航空、生物工程、人工智能等。同时，他指出现代物流业的发展过程也是信息技术被广泛使用的过程，但其产生的经济利益并不可能完全被创新者独占，而是会溢出到物流业的其他企业当中，并使这些企业从中获利，也就是说信息技术的扩散必然会伴随着信息技术创新价值的溢出，并带来各产业和各领域技术的相互融合。信息技术在传统产业扩散的溢出效应主要表现在以下两个方面：一是信息技术的创新扩散对传统产业的原有技术进行了改造，并提升了传统产业的整体技术水平；二是信息技术与传统产业的原有技术进行相互融合而产生了新的技术，进而为传统产业的发展创造了新的技术升级机会。通过引入互联网、物联网、大数据和人工智能等先进技术，传统产业得以实现智能化生产、高效管理和精准营销，提高了生产效率和产品质量。同时，新兴商业模式和数字化服务平台的出现为传统产业带来了新的市场机遇和商业前景。这种融合还推动了产业结构的优化和新业态的涌现，为经济发展注入了新的动力和活力。

二、产学研合作推动

产学研合作是建立在跨组织关系基础上的一种较为成熟的创新模式，相对传统组织结构，这种跨组织关系所具备的独特性和混合性更有利于推动跨领域技术融合的形成，从而更有利于加速产品开发与创新。国内外学者普遍认为产学研合作是企业同高校或科研院所之间本着资源互补、平等互利、共同发展的原则所进行的合作与交流，其中企业一般作为技术需求方，高校和科研院所一般作为技术供给方，其实质是促进技术创新和产品创新所需的各种生产要素的有效组合。企业与高校及科研院所的合作，一方面可以从基础研究出发进行技术融合创新，再把科研成果直接推向市场进行商品化；另一方面可以促使企业根据市场实际需求联合高校及科研机构探索新的研究领域进行高精尖技术的开发。随着技术发展和创新形态的演变，政府、中介机构、金融机构和用户等在产学研合作创新平台搭建的过程中发挥的作用进一步凸显，有利于推动融合产品不同领域技术分工在功能与资源优势上的互补、协同与集成化，促进技术融合创新上、中、下游的对接与耦合。我国学者冯海燕认为参与产学研合作的各个创新主体之间已不再是简单的线性关系，而是逐渐形成了一个协同创新系统，即各创新主体之间会产生非线性的互动关系，进而产生协同效应。在这个系统中，企业、高校和科研院所等不再是独立运作，而是通过密切的互动和合作，共同推动创新的全过程。企业作为市场需求的驱动者，提供实际问题和应用场景；高校和科研院所则提供学术支持、前沿技术和研究成果。这种协同创新系统中的各个主体相互依存、相互促进，共同构建起一个开放、灵活的创新生态。在这个生态系统中，创新主体之间可以共享资源、共担风险、共享成果，加快了科技成果的转化和商业化进程，推动了整个产业链的升级和创新能力的提升。这种协同创新系统为各方带来了更多的机遇和更强的动力，有效促进了科技创新和经济发展的融合。

产学研合作是推动技术融合创新的重要形式和有效途径，而技术融合本质上是通过基础研究实现不同领域技术知识的相互渗透、交叉和重组，从而激发技术基础结构的分解、重构和功能升级，催生出具有新型功能的技术或产品。因此，产学研合作首先能帮助企业完成单个创新主体难以独立承担的复杂产品开发项目，有利于实现人才、技术和资金等科技资源在高校、科研机构、生产企业等创新主体之间的有效配置，提升社会资源在不同主体之间的分配效率和利用效率；其次，通过产学研合作可以实现信息和知识等隐形资源在不同创新主体之间的有效传播和共享，有助于各创新主体节约交易成本和研发成本，在一定程度上提高产品创新的收益，达到“1+1 ＞ 2”的效果；最后，通过产学研合作，企业、高校和科研院所等能够在产品开发的不同阶段充分发挥各自的优势和实力，在从基础研发阶段到应用研究阶段再到产业化阶段的全过程中，实现有效的合作与协同。在基础研发阶段，高校和科研院所可提供丰富的学术资源和前沿科技支持，帮助企业进行科学探索和技术验证；在应用研究阶段，企业可以将研究成果转化为实际产品，并进行市场测试和优化；而在产业化阶段，企业则能借助高校和科研院所的专业知识和技术支持，实现生产和推广。这种合作模式有助于规避和减少产品开发过程中的技术和市场风险，促进创新成果快速转化和产业化，实现产业链条的完整衔接和持续发展。

三、需求结构升级拉动

需求结构升级拉动是技术融合形成的重要动力机制，随着新一代信息技术与传统产业的深度融合，产品创新日益向多样化、复合化、智能化和系统化方向发展，随着以信息和互联网技术为主的新技术体系与各行各业的深度融合，产品创新及技术创新日益凸显出个性化、智能化、微型化和系列化等发展特征。公司在把现有的人力、物力和财力等资源分配到产品项目开发时，需要准确地把握产品创新方向，重点需要考虑以下几方面：第一，产品的功能及特征。企业在计划开发一项新产品时，要充分了解该产品所包含的技术特征及其功能用途，确保其性能及特征较难被市场现有产品所替代，尽量争取开发的新产品有一定持久性和不可替代性。第二，市场需求方向的改变。通常情况下，企业需要花费一定的时间才能成功开发一项新产品，因此企业应根据消费者的需求变化快速调整产品开发方向，争取同消费者与时俱进，甚至走在消费者前面。第三，企业产品创新应迎合市场实际需求。比如，华为之所以能作为中华人民共和国通信的一面旗帜一直屹立不倒，正是因为华为在开发新产品的同时特别注重将市场的实际需求与自身产品技术创新能力相匹配。在新能源汽车等复杂产品创新领域，产品零部件往往涉及多种知识和技术，为了避免创新失败，相对一般产品而言更加需要根据市场实际需求准确地把握产品开发方向。因此，随着技术的不断更新变化，用户对产品市场也有了进一步的要求，企业仅仅依靠自身力量进行技术探索和产品开发可能很难拿出合理的解决方案，还需要跨越组织边界捕捉外部新技术或开展技术合作进行技术融合创新。

技术融合来源于某些现实需求难以通过单一企业或单一领域的技术独自攻破，从而不得不整合不同领域的技术知识和技术能力。市场需求结构的不断升级使得不同领域的研究主体和利益相关者为实现同一目标或解决共同关心的复杂问题，通过知识跨界流动、研究方法相互交叉融合，研制出满足特定类型消费需求的新产品。例如，通过纳米技术与生物技术融合研制成的用于治疗癌症的单克隆抗体药物与靶向药物传递技术突破性新药本质上都得益于广大患者的迫切需求和渴望；依托微机电系统技术与生物技术融合而成的生物芯片技术得益于人们对成功实现人体细胞、蛋白质和基因等的分子检验的迫切需要；传统汽车产业与信息及互联网技术的深度融合来源于人们对出行快捷、方便、安全的无人驾驶市场的消费需求；制药技术与食品制造技术的融合创造了功能性食品产业，人们日益增长的对健康生活的追求促进了功能性食品产业的快速发展。因此，技术融合创新本质上根源于人类需求的不断提升与变化。生产方式及消费模式的不断多样化、便捷化和智能化成为我们追求创新发展的强大动力。从这个意义上来说，市场需求结构的升级促使技术不断进步，决定着技术创新方向，推动着战略性新兴产业的发展。例如，随着可再生能源和智能化技术的兴起，市场对清洁能源和智能设备的需求不断增长，推动了相关技术的创新和应用。另外，医疗健康、数字化经济、生态环保等领域的市场需求变化，也催生了一系列新兴产业和技术发展。因此，市场需求结构的升级不仅是技术创新的动力源，也是战略性新兴产业蓬勃发展的重要推动力量。企业和科研机构需要密切关注市场的变化，灵活调整技术研发方向，抓住机遇，推动技术不断进步，实现创新与市场需求的有效对接，从而促进产业升级和经济发展的持续推进。

四、商业模式创新驱动

企业与企业之间、企业各部门之间、企业与顾客之间等各种各样的交易关系和联结方式构建了商业模式，商业模式是企业围绕利益相关者所构造的跨界交流系统，主要包括彼此间的物流、信息流和资金流。商业模式创新是企业与利益相关者通过新的交易关系和联结方式开展交易的现象。商业模式创新之所以能驱动不同领域技术知识相互交叉渗透融合，根本原因在于企业需要融合各个领域的知识和技能构建稀缺、有价值、难以模仿、不可替代的资源结构来支持该模式。跨越企业边界开展交易活动是商业模式的重要特征，这种特殊性不在于交易活动本身，而在于交易活动的价值逻辑。弗雷德里克·哈克林指出商业模式创新在技术融合与产业融合过程中主要发挥价值创造和价值获取两个重要作用。迈克尔·莫里斯（Morris M）也发表了相同的观点，认为商业模式的新颖性能给企业带来先行者优势，可以有效提升企业创造价值和获取价值的能力。在价值创造方面，各创新主体和利益相关者通过商业模式创新不仅能够促进不同领域技术知识相互交叉渗透融合，而且有利于企业根据顾客的偏好整合各种资源和能力，从而催生出满足顾客实际需求的新产品。在价值获取方面，商业模式创新能够帮助企业整合不同行业市场需求，探寻新的价值获取逻辑，开辟新的市场空间，从而实现获利性增长。同时，新的价值创造和价值获取逻辑能帮助企业吸引与保留顾客，有助于提升企业讨价还价的能力。目前，最受大家关注的移动医疗和电子商务等都是源于商业模式在价值创造和价值获取方面的突出贡献。

我国学者李丫丫认为商业模式创新与技术融合具有互动关系，商业模式创新驱使不同领域技术相互渗透融合，技术融合促使商业模式进一步革新创造。比如，随着新一代信息技术与传统产业的深度融合，云计算、大数据、物联网、区块链、无人驾驶、人工智能等新型模块化技术随之层出不穷，消费者衣食住行等需求也发生了翻天覆地的变化。商业模式创新往往能开创新的产业领域，为顾客提供全新的产品及服务，或将现有产品或服务以前所未有的方式呈现给消费者。如优步、滴滴出行、曹操专车、摩拜单车和OFO小黄车等都是商业模式创新驱动使然。国内学者张旭文认为在专门的网络平台基础上拥有专业的个性化服务、良好的信任机制和市场需求匹配功能是新兴共享商业模式的基本特征。邵洪波和王诗桪等研究发现全新商业模式改变了企业价值创造的方式，即相对传统经济模式，全新商业模式有效增强了企业资源配置效应和资源开发效应。这种新型商业模式通过重新定义企业的运营方式和价值创造途径，能够更有效地配置和利用资源。首先，新商业模式通常突破传统产业边界，引入跨界合作和资源整合，使得企业能够获得更广泛的资源和支持，从而降低成本、提高效率。其次，新模式通过创新的商业逻辑和服务模式，拓展了资源开发的可能性，从而创造更多的商业价值。这种创新型商业模式不仅可以帮助企业应对市场竞争和变化，还能促进整个行业的发展和进步。

第三节 静态分析框架下跨领域技术融合的形成

一、技术融合的关系特征分析

技术融合是不同领域技术知识相互交叉渗透逐渐融合成一种新的混合技术的现象。为了判断一种技术是否为融合型技术，以及进一步判断产生何种类型的融合（这种技术以何种方式进行融合），我们需要考察技术元素之间的关系。技术元素之间的关系比技术本身更重要，对技术元素间关系的认知反映企业利用技术元素开展技术创新的特定方式。弗雷德里克·哈克林认为技术融合是一种基于技术组合关系不断调整和变化的特殊形式的创新。以往针对技术元素之间关系的研究，大部分学者都是笼统地将技术之间的关系划分为相关性和无关性，或相关性和非相关性。相关性是指技术知识属于同一科学范畴，技术之间具有相似的科学技术基础原理。非相关性是指技术知识属于不同的科学范畴，技术之间的科学技术基础原理具有显著差异。近年来，随着技术融合的重要性不断加强，开始有学者基于技术融合视角将技术元素之间的关系划分为替代性和互补性，也有研究将替代性关系称为相似性，甚至还有学者将其具体分为竞争性、阻碍性、互补性和不相关性。竞争性和阻碍性侧重于技术之间的相互替代性和相互继承性，通常依附于相似的技术基础原理，且具有共同的技术特征效果；互补性则不同于上述两种关系，它强调不同技术之间的增强与互补关系，一般来源于不同的技术领域。综合上述分析，本书主要从技术元素之间的替代性和互补性关系来区分企业在静态分析框架下的技术融合方式。

从技术进化的本质可以看出技术的进化一开始都是由一个个单一简单的技术不断组合形成各种新的技术模块，再演变成各式各样复杂的技术形式。我国学者邹思明在其研究中发现，科学技术的飞速发展使得很多高科技产品都是将一个个技术模块通过合理的方式组合形成一个复杂的技术体系。之所以要将若干技术整合在一起是为了集成这几种技术的功能或产生新的应用功能，因此需要选择合适的技术，并通过合理的方式将其整合，从而取长补短。当企业在相邻或相近的领域积累技术知识时，技术之间的科学基础原理基本相似，此时企业倾向于通过采取替代性技术融合开展技术创新。当企业在跨度较大的技术领域积累技术知识时，技术之间的科学基础原理具有显著差异，此时企业可以通过消化吸收并整合不同领域的技术知识进行互补性技术融合。可见，技术选择是技术融合的关键因素，随着产品创新日益向复杂化、系统化和多样化方向发展，企业需要根据自己的战略目标从众多技术之中选择合适的技术开展路径。因此，在选择技术进行开发和应用时，需要关注技术以下几方面特征：第一，技术的先进性。技术的先进性一方面可以从技术的基础原理、设计方法、结构特征及科学价值等方面进行评估；另一方面可以从技术的网络效应、可复制与模仿的程度、市场运用范围及配套技术兼容性等方面进行分析。此外，技术的先进性还需重点考察技术的创新性，创新性意味着新技术在原有技术基础上有了明显的改进和提升，能够衍生出新的市场价值或社会效益。当企业通过购买或其他方式从外部选择一项先进技术时，首要考虑该技术是否能给企业现有技术或产品带来收益和价值，同时也需要考虑技术之间的相关关系，比如外部技术与企业现有技术之间的兼容性和互补性特征等。第二，技术的经济合理性。经济合理性囊括了技术从设计、开发、生产和商业化一系列环节中的经济效益。一方面可以从技术开发的投资、成本、利润、价格等效益上进行评估；另一方面可以从市场接受程度、顾客满意度及准入门槛高低等方面进行考察。企业往往以追求经济效益最大化为最终目标，因此公司在研发过程中首要重点考虑技术开发与应用的经济合理性，根据公司预算进行合理的人、财、物资源的配备，争取以低投入实现高产出，降低研发风险。第三，技术的生产可行性。其是指技术的设计、开发需全面考虑系统开发过程中所涉及的所有技术问题，尽可能采用成熟技术，慎重引入先进技术，着眼于具体的开发环境和开发人员等问题，不能突破组织所拥有的或有关人员所掌握的技术资源条件的边界。同时，技术的发明创造和商业化还需站在全球生态市场，考虑它是否符合自然发展规律，有没有违背自然或危害自然，一方面应尽量做到不危害自然与环境，另一方面需有利于改善人民的生产与生活水平。

二、替代性技术融合的形成

不同技术相互融合的过程体现了技术之间的不同关系特征，巴特·韦斯帕根（Verspagen Bart）学者基于专利技术分析了技术之间存在相似性与互补性关系，并指出技术相似性有利于渐进式创新，而技术互补性更有可能促成突破式创新。宋昱晓等学者认为专利技术的相似性是指专利背后技术知识基础的相关程度。玛丽安娜·马克里（Makri M）则认为技术相似性是指两家公司技术知识基础的重叠度。另外有些学者持有相似的观点，认为技术相似性是企业之间共同涉及的技术领域。或者说技术相似性是指组织间具有共同的技术经验和知识基础，它是技术涉及的知识而非技术本身。企业将研发设备、人力和资本投入相似的科学技术领域，有利于产生较高的学习效应和累积效应。一方面，基于路径效应，企业在原有理论基础上进行研究和技术开发时能以更低的研发和沟通成本实现产品与业务间的知识转移。另一方面，技术间的关联性启发能有效重组多样化知识，降低不同技术之间的融合成本。

学者宋昱晓和李丫丫依据技术之间的关系特征，通过技术之间的相似性和互补性关系来区分两种不同的技术融合方式。相似性技术之间的融合是指技术分布在基础科学原理相似的领域，也就是说对应的技术融合过程仅发生在科学基础原理相似的技术之间。宋昱晓通过专利技术部类在分析替代性技术融合时指出，替代性技术融合仅发生在同一技术部类下的不同技术之间。比如，专利技术 01 和 02 分别属于两种技术类别 Tech1 和 Tech2，而 Tech1 和 Tech2 这两种技术类别都归属于同一技术领域，具有相似的科学技术基础原理，则这两个专利之间相互整合体现了技术融合的相似性特征，为相似性技术融合，也称为替代性技术融合。替代性技术融合一方面体现了技术之间具有相似的科学技术基础原理，另一方面表现为与其他技术元素的组合方式也相似。比如，新一代机械技术与传统机械技术的基础科学都是机械学，在融合成机电一体化复合型技术的过程中它们分别与电子电工技术、信息技术、传感器技术等的组合方式也相似。替代性技术融合能帮助企业通过减少多样性选择聚焦于特定的技术或解决方案，从而构建具有普适性的技术主导优势。

三、互补性技术融合的形成

互补性是社会心理学中最常用的一个专业术语，它主要包括两层含义：一是各自具备相互独立甚至相反的特性；二是两者的结合具有增强效果。即相互之间的增强作用和互补作用。在技术关系研究领域，以往大部分学者在探索技术关联关系时更多强调的是技术相似性而忽略了技术互补性。玛丽安娜·马克里认为技术互补性往往涉及不同的技术领域，有利于企业吸收来自不同领域的专业核心技能，且互补性技术的持续引进更有利于促进企业重新配置资源。暴海龙和李金林持有相似的观点，认为技术互补性是指技术所涉及的知识基础完全来源于两个不同的领域。学者宋昱晓在研究中通过技术之间的互补性和协同性特征分析技术之间互为补充的程度。学者梁启华从技术元素之间的互斥性特征、衍生性特征及互补性特征三个层面去分析不同技术之间的关联性。其中互斥性特征主要分析一种新技术的出现对原有技术替代或削弱其价值的程度；互补性特征认为两种技术结合不仅能发挥各自原有的优势，还能产生单一技术达不到的全新优势，强调技术之间的互补与增强效应；而衍生性是从技术的溢出效应及正负反馈效应出发进行价值评估与分析。可见，互补性技术往往来自不同的技术领域，技术之间可能存在相互增强的作用，这些不同的技术用于生产同一产品或服务能获得更好的用户体验。也就是说当企业将不同领域的技术融合到一起时，在保留各自技术优势的基础上，还能挖掘和开发出单个技术所不可能具备的全新功能，使创造出的新产品在具有原来性能的基础上获得新的特性，带给用户更好的体验。

随着新一代信息技术与传统产业的深度融合，更多领域的互补性技术融合现象开始进入人们的视野。比如，生物技术与纳米技术的深度融合创造全新的生物纳米技术；制药技术与食品制造技术的融合创造功能性食品产业；制药技术与化妆品制造技术的融合创造药妆行业等。我国学者宋昱晓通过专利IPC及引文信息分析了无人机领域的技术融合特征及其发展趋势，他认为无人机领域的互补性融合体现在跨不同技术部类下的技术领域之间的交叉融合。比如，专利技术03和04的主IPC分类号分别属于两种技术类别Tech3和Tech4，而Tech3归属于技术部类C，Tech4归属于技术部类D，且技术部类C和D的科学技术基础原理具有显著差异，则专利技术03和04的组合来自两个不同的技术领域，它们之间的结合具有互补和增强效应，体现了技术融合的互补性特征。互补性技术融合是指原本各自独立的技术相互补充，逐渐融合成一种具有更强功能的新的混合技术的现象。比如，生物技术与计算机科学融合而产生的生物信息技术，其中生物技术在计算机技术基础上打破了它的物理局限，而计算机技术为生物技术的发展提供了强有力的计算支撑。技术之间的互补和增强效应不仅在于帮助企业实现技术集成创新，还在于它可能在技术创新上实现重大突破并促进多种技术协同演化。如纳米技术与生物技术融合而产生的全新生物纳米科技，为用于治疗癌症的单克隆抗体药物与靶向药物传递技术的多种突破性新药打开了研发与市场空间。

第四节　动态分析框架下跨领域技术融合的演变

一、基于产品生命周期的技术融合演变分析

美国哈佛大学教授雷蒙德·弗农在研究产品周期的国际投资和国际贸易中首次提出了产品生命周期理论。他认为产品生命周期包含一项新产品从开始进入市场到被市场淘汰的整个过程，一般需要经历引入期、成长期、成熟期和衰退期四个阶段。同样，企业的技术选择和技术创新发展也会随之经历一个周期性的演变，某些技术可能还存在交叉的过渡

阶段，因此不同时期的技术选择需要考虑企业外部环境和内部多种因素的综合影响。技术融合的演变是技术供给推动和社会需求拉动同步发力的结果，随着新一代信息技术与传统产业的深度融合，更多跨越多个学科领域的新产品和新兴技术开始陆续进入人们的视野。产学研合作、技术集成和创新联盟是这些技术群落生成与发展的重要前提，也是推动技术融合演变的重要因素。产学研合作将企业、高等院校和科研机构的优势资源进行有效整合，促进科技成果转化和应用落地，加速技术创新和产业发展。技术集成则强调不同技术领域之间的互补性和协同作用，通过整合各种技术资源和专业知识，创造出具有更高附加值的创新产品和服务。而创新联盟是为了应对日益复杂和多样化的市场需求和技术挑战而形成的战略合作联盟，通过共享风险、资源和市场信息，加速创新和技术融合的进程。这些合作模式为技术群落的形成提供了良好的合作平台和生态环境，推动了技术的交叉融合和创新成果的快速推广，为推动科技进步和产业升级提供了重要支持和保障。

随着技术融合现象的日趋普遍，目前起主导作用的不是某一项技术，而是技术群落。我国学者汤文仙在研究技术融合的生命周期中指出技术发展的每个时期总有一项或几项技术处于主导地位，这些技术代表了这一时期技术发展的趋势和主流，他把这种技术称为“主导技术”，而把与它们相关的一系列技术称为“主导技术群”。在技术生命演变和主导技术不断更迭的过程中，企业生命周期的不同阶段需要根据外部环境和内部多种因素对技术进行合理选择。在引入期，针对技术选择与外部技术引入主要有三方面要特别注意：第一，由于早期研发支出较高，企业需要根据市场环境准确把握技术发展方向与市场机会，选择引进适合自身发展的技术进行产品研发；第二，企业通过获取技术进行技术研发的过程中，需要依靠外力通过合作研发或外部技术购买等方式在技术转移的过程中进行模仿创新；第三，引入期在技术上是一个不断试错的阶段，企业需要根据配套的外部环境确定核心技术，围绕核心技术合理配置有限的企业内部资源。在成长期，企业进行技术选择时，可能会在现有技术的基础上开展自主创新，或者通过引入外部新技术进行模仿创新或跟随创新。在该阶段企业会依据现有资源条件将技术资源与市场需求连接起来，推出代表优秀产品的主导设计。在成熟期，历经引入期和成长期后，企业技术开始更新换代，从外部引入的新技术开始逐步渗透，新的主导技术开始萌芽。在衰退期，企业需要根据产品各种不同的衰退原因对多种技术进行重新评估和选择，主要有以下三种方式：一是选择性地撤出那些效率低的技术，使资源得到集中发挥；二是转变某些导致收入弹性较低的产品，通过技术引进与技术转化进行产品转型，使产品得到新的定位；三是重新定位企业核心技术，选择使核心技术得到充分发挥的技术群落。

在技术创新的演变体系内，首先发展起来的主导技术在发展的初期阶段加速极为缓慢，接着由于某些突破性技术问题的解决，以及由主导技术而产生的新工业部门需求的迅速增长，该主导技术呈现出一个指数发展的加速时期，到一定阶段后又呈现出减速发展。最后，由于各方面的局限，呈现出饱和状态。随之，技术融合的演变也会经历一个“S”形的发展周期，且不同技术生命阶段发生的技术融合将呈现出不同的表现形式，主要有两种基本方式。一种源于知识重组理论，是指在对现有知识和技能进行深度理解和反复认知的基础上，通过捕捉新现象和新需求，围绕不同目的将现存技术以新的方式进行重组融合，我们称之为“旧技术重组融合”。深度理解和认知现有知识与技能，意味着对已有技术的本质、原理和应用场景有更全面的把握和掌握。在此基础上，围绕不同的目的，将现有技术进行重组和融合，是创新的重要手段。这种重组和融合可能包括不同技术领域之间的交叉应用，也可能涉及对技术的重新组合和优化。这种重组和融合的创新策略，是实现技术升级和产业发展的重要途径，也是推动社会进步和经济增长的关键动力。另一种是通过不断获取和引进外部新技术、新知识，并将企业核心技术与外部新技术进行相互渗透与融合，从而催生出一种具备全新功能的技术的过程，强调技术的革新与创造，我们称之为“新技术渗透融合”。这种技术融合过程强调企业对技术的灵活运用和创造性创新。通过整合外部创新资源和内部核心技术，企业能够不断推动技术的革新和进步，为市场带来更具竞争力和创新性的产品和服务。这种开放式的技术融合和创新模式，有助于提升企业的技术实力和市场竞争力，推动整个产业向前发展。

二、知识重组与技术融合演变

知识重组是企业在知识管理和创新过程中的重要策略，指的是对已有知识体系中的知识因子和关联关系进行重新组合和整合，以创造新的知识产品或应用。这个过程旨在通过重新组合和转化知识，寻求新的发现、探索新的规律、创造新的技术和开发新的产品，从而推动企业创新和发展。知识重组的核心在于利用已有的知识资源，通过创造性地组合和转化，产生新的知识价值和应用效果。企业可以通过以下方式进行知识重组：首先，通过跨学科和跨领域的整合，将不同领域的知识元素相结合。例如，将工程学、生物学和信息技术相结合，创造出生物医学工程领域的新技术和新产品。其次，通过知识的内部重组和外部引进，将外部新知识与企业内部已有知识进行结合和融合。企业可以通过技术引进、合作研发等方式，获取外部创新资源，与自身核心知识相结合，找出新的技术应用和解决方案。此外，通过知识的重新解释和转化，将现有知识应用于新的领域或问题上。企业可以通过重新审视和解释已有知识，发现其在新环境下的应用潜力，从而实现知识的创新和重组。总体而言，知识重组是企业在面对不断变化的市场和技术环境中，通过灵活运用已有知识资源，寻求创新和发展的重要途径。这种策略可以帮助企业应对挑战，促进技术进步和产品创新，提升竞争力，实现持续发展。

鉴于资源的有限性和稀缺性，大多数技术创新都来源于不同知识元素的重新组合。有学者基于知识重组理论认为，一项新技术既可以来源于企业内部现有知识元素的重组，也可以来源于企业外部新知识元素与企业内部现存知识元素的重组。不管这种重组是发生在企业内部，还是发生在企业外部，从创新演变的角度来看都要求企业对技术和市场环境信息进行持续性探索。这种持续性探索一方面是对现有知识元素和组合的探索，因为企业最初倾向于通过熟悉的知识元素或组合来开发新应用、解决新问题。通过对已知知识元素的探索和利用，企业可以更快速地开发出新应用或解决方案。这是因为基于已有的知识基础，企业能够更容易地理解和应用这些知识，从而加速创新和产品开发的过程。相比全新的知识或组合，基于已有知识的开发更具可预见性和稳定性，有助于降低失败的可能性。随着对知识元素的不断探索和改进，企业能够积累更丰富的技术经验和知识资产，形成独特的创新能力和市场竞争力。这种持续性探索另一方面是对新知识元素及组合知识元素的新方式进行探索，因为企业需要根据快速变化的市场需求不断引进外部新知识以寻求新的发展可能性。外部新知识通常代表着最新的科技发展和市场趋势，企业通过学习和引入这些新知识，可以在创新中走在时代的前沿，为市场提供更具竞争力和前瞻性的产品或服务。新的知识元素和组合方式常常能够打破企业内部的固有思维模式和局限，激发员工的创造力和灵感，推动企业创新能力的提升。此外，通过与外部合作伙伴、研究机构或专家进行交流和合作，企业可以获取到自身缺乏的专业知识和技术资源，从而提升整体的创新水平和竞争实力。

在技术融合演变的过程中，各行各业知识基础之间的相通性是技术得以成功实现演变的重要前提。通过知识流动和知识溢出，逐步形成主导设计，由于主导设计在不同部门和不同产业之间的扩散和应用，促使企业旧技术与旧技术、旧技术与新技术、新技术与新技术之间不断相互融合。因此，随着原有技术的不断变更和新技术的持续引进，基于知识重组原理可以将技术融合的动态演变划分为两种类型。一种是将已有技术以新的方式进行重组融合，在已有技术基础上寻求突破，产生新的融合型技术替代原有的技术，我们称之为“旧技术重组融合”。比如，新一代机械技术对传统机械技术的替代，机械技术是构成机电一体化技术的基础，为实现机电一体化产品与传统机电产品相比性能更好、功能更强、可靠性更高等优势，通过重组内部技术知识结构在性能上实现对传统机械技术的变更与改进。另一种是通过引进外部新技术知识开展技术融合创新，在全新的知识交叉融合的基础上寻求突破，我们称之为“新技术渗透融合”。其又包括两种类型：一是将企业已有技术与外部新技术进行融合，比如企业将内部核心力学技术与外部数字控制技术的融合创造出机电一体化技术，以及各种传统技术与互联网技术的融合等；二是将新技术与新技术进行融合开发，比如计算机科学与生物技术的融合创造出全新生物信息技术，其中生物技术在计算机技术基础上打破了它的物理局限，而计算机技术为生物技术的发展提供了强有力的计算支撑；又如生物技术与纳米技术的深度融合创造全新的生物纳米技术，为用于治疗癌症的单克隆抗体药物与靶向药物传递技术的多种突破性新药打开了研发与市场空间。

三、技术获取方式与技术融合演变

技术融合的重要前提就是要在现有技术的基础上不断获取新技术和新的技术组合方式，技术获取方式在企业技术管理和技术创新战略中占据重要地位。因为它直接影响着企业的技术能力、创新能力以及竞争优势的形成和发展。技术生命周期、技术研发成本、技术不确定性、技术距离、技术类型等都会影响企业技术获取方式，进而影响企业产品创新绩效。具体而言，每个企业会根据自身的实力、规模、目标、战略等来选择合适的技术获取方式，企业在选择技术获取的策略和方式时，一方面会受到企业已有技术基础的约束。这种约束意味着企业在决定引入新技术或学习新知识时，需要考虑自身已有的技术水平、能力和资源状况。具体而言，企业可能会倾向于选择与已有技术基础相辅相成或处于相近领域的新技术，以便更好地整合和应用新技术于现有业务或产品中。受技术基础约束的企业也可能更倾向于渐进式的技术创新，逐步积累和发展，而非跨越性的技术跃进，以降低技术引入和应用的风险。此外，企业可能会通过技术合作、外部专家咨询或技术转让等方式来弥补自身技术短板，扩展技术领域，提升创新能力和竞争实力。综合考虑企业的技术基础、市场需求和未来发展方向，是制定有效的技术获取策略的关键，有助于企业实现持续创新和发展。

企业对技术获取的策略和方式的选择另一方面也会受制于企业所处的行业状况和技术环境。由于市场环境和技术环境处在一个不断变化的过程中，因此企业在获取外部技术进行技术融合时会面临一个重要的时间选择问题，即在技术生命周期的何种阶段采取何种技术获取方式开展技术融合创新，是通过挖掘企业已有技术进行技术融合还是通过外部新技术进行技术融合。不同行业的技术发展水平和应用需求存在差异，企业需要根据所处行业的特点和趋势来制定相应的技术获取策略。首先，行业状况会影响企业的技术获取方向。某些行业可能面临技术更新换代的压力较大，需要更频繁地引入新技术以保持竞争力；而另一些行业可能较为稳定，技术演进较为缓慢，企业可以更加注重技术优化和提升。其次，技术环境也是影响技术获取策略的重要因素。企业所处的技术生态系统、技术供应链以及相关技术标准和政策法规都会影响企业技术获取的路径和方式。一些行业可能依赖开放的技术生态和合作共享，而另一些行业则更注重独立研发和自主创新。受行业状况和技术环境制约的企业在选择技术获取策略时，可能会采取不同的应对措施。例如，面对快速变化的技术环境，企业可能会加大对外部技术合作和开放创新的投入；而在技术标准高度规范的行业，企业则需要更加注重技术符合性和合规性。因此，企业在制定技术获取策略时，需要综合考虑自身的技术基础、行业特点和技术环境，寻找最适合的路径和方式，以促进技术创新和持续发展。有效的技术获取策略可以帮助企业应对行业变革和市场挑战，实现技术优势和竞争优势的持续增长。

不同的技术获取方式会依托不同的技术发展轨道带来不一样的技术融合创新，现有研究主要通过内部技术获取方式和外部技术获取方式两种类型对其展开研究。我国学者崔雪松等从内部技术整合与内部技术研制两方面视角重点分析内部技术获取方式，内部技术整合是企业在现有知识基础上，通过引入新的方法重组现有技术，或者将现有技术的思路和方法应用于其他领域的一种方式。内部技术研制又被称作自主研发，是指企业完全通过自身研发团队的实力不断挖掘和探索新技术和新工艺，强调独立自主开发技术的过程。总而言之，无论是内部技术整合还是内部技术研制，都是企业通过自身技术实力从内部现存技术中挖掘技术潜力以实现新的应用。而当企业内部技术开发到一定程度以后，企业很难在原有技术基础上取得突破，这时需要通过外部技术获取进行技术融合创新。现有研究认为外部技术获取主要包括合作研发和外部购买，合作研发是指公司为了规避技术研发风险，通过寻找合作单位进行分工协作和共同开发。在合作研发中，合作单位通常可以共享双方的创新资源，共同分担技术研发过程中的成本和风险，并共同分享技术获取的收益和价值等。外部购买包括外包研发、技术许可和收购。外包研发是指公司将整个产品或技术研发过程中的某一个环节直接承包给外部机构，对外承包的对象通常是大学或研究机构的某一个科研团队。技术许可是指技术持有者在特定的条件下允许他人使用自己持有的技术或工艺等。在技术许可中，最常见的是专利许可，它是指专利持有者允许其他人在限定的期限或区域内通过某种特定的方式使用该专利。收购是指公司直接购买其他机构所拥有的技术或产品，从而获得该技术或产品的绝大部分权限。传统上认为企业基于已有技术自主研发新技术能够充分占有创新成果，获得超额利润。但近年来随着技术和产品的复杂性不断提升，很多企业难以仅依靠自身力量完成复杂的技术研制与产品开发，外部技术获取逐渐被视为一种重要的技术来源，它不仅能缩短产品开发周期，还能减少研发任务、规避研发风险等，尤其对于新能源汽车等战略性新兴产业更是如此。

第四章　跨领域技术融合对产品创新绩效的直接效应

第一节　静态分析框架下技术融合对产品创新绩效的影响

一、互补性技术融合对产品创新绩效的影响

产品是技术和知识的载体，企业向相邻技术领域或跨领域搜索相关知识、展开跨学科交融时，技术研发形成的关联性技术通过渗透、扩散，融合到其他产业中，使得现有产业的技术发展路线及其产业的经营方式与内容得到前所未有的改变和完善，从而致使不同产业之间形成相似的技术知识基础并拥有可共同研发的技术知识平台。这种不同产业技术一体化现象揭示了技术融合过程中不同技术元素组合关系的重要性。对任何企业而言，技术都是极其重要的生产资源，企业的技术选择和技术元素之间关系的分配直接反映了企业的技术创新方向，拥有相似技术基础的企业往往可以通过不同的技术融合方式开发不同种类的技术和产品，独特的技术组合方式直接体现了企业的技术创新能力，这是一种罕见、稀缺且难以被模仿和替代的战略资源。不同关系的技术资源及其组合方式对企业技术创新和企业绩效会产生不同程度的影响，企业在布局技术基础，投资有价值的技术资源时，从技术元素之间的组合关系出发主要存在两种不同的技术融合方式，有学者根据产业中已有技术范式之间相

互关系的不同，提出了“互补性融合”与“替代性融合”的理论概念，并进一步指出技术融合发生的过程实质上是现有技术替代和多种技术互补的结果。

互补性技术融合是指原本各自独立的技术相互补充或增强，逐渐融合成一种具有新型功能技术的现象。比如，生物技术与计算机科学融合产生的生物信息技术，其中生物技术在计算机技术基础上打破了它的物理局限，而计算机技术为生物技术的发展提供了强有力的计算支撑。技术之间的互补和增强效应不仅能帮助企业实现技术集成创新，而且还能在技术创新上实现重大突破并促进多种技术协同演化。互补性技术融合要求企业在深入理解和挖掘现有技术知识的基础上，对新的技术路径或从未被探索过的新技术组合方式进行消化吸收与整合。皮纳尔·坎库塔兰（Cankurtaran P）认为积极探索互补性技术知识有助于企业更有效地处理与伙伴合作间的关系，帮助企业抓住更多非核心领域产品和市场的机会。尤其对于新能源汽车等战略性新兴产业，各技术模块基础知识可能来源于不同技术领域，整车生产公司需要努力吸收各领域知识和信息。因此，当企业通过引进与自身技术具有较强互补性的其他领域的先进技术进行互补性技术融合时，一方面能拓展企业知识宽度，避免技术锁定，帮助企业获取更多技术组合机会；另一方面互补性技术融合使得企业在非核心领域吸收的先进方法、流程及技术能简化和加速产品开发，帮助企业在新兴市场及时抢占先机，进而有利于推动企业整合外部异质性资源，开发更多新产品。综合上述推理，本书提出下列假设。

H1a：互补性技术融合与企业产品创新绩效呈正相关。

二、替代性技术融合对产品创新绩效的影响

有学者在对现有产品技术重组和架构创新的研究中指出，技术主要分为组分技术和结构技术两种。组分技术是构成复杂产品体系的专业科学技术；结构技术是由不同类型组分技术相互交叉渗透，组合形成的一种新的系统结构。技术融合是将若干组分技术转化为一种新的结构技术

的过程。现有研究在关于企业技术知识的架构性质的研究方面，主要关注企业知识元素和其他知识元素之间的相关性和相似性。大部分学者在研究中指出技术的发明是一个重组的过程，开发者往往会通过两种方式进行技术探索和发明，一种是寻找新的组分技术或技术构建；另一种是重构现有技术组合，即以一种新的方式对既有技术进行组合。企业进行技术研究与开发的基本作用是组合出不同的结构技术以创造新技术和新产品。结构技术在其更新迭代过程中，各种组分技术除了存在互补关系，还存在替代关系，即新技术与原有技术的替代。比如，新一代机械技术对传统机械技术的替代，机械技术是构成机电一体化技术的基础，为实现机电一体化产品与传统机电产品相比性能更好、功能更强、可靠性更高、体积更小、质量更轻等优势，可通过融入其他新科学知识在结构、材料和性能上实现对传统机械技术的变更与改进。因此，技术元素之间除了存在互补关系，还存在替代关系。卢多维奇·迪比亚乔（Dibiaggio L）在研究中发现，企业在探索技术元素组合关系时，某些技术元素之间具有暂时的冗余功能，即具有相似功能技术元素的能力。冗余功能在复杂多变的技术环境下特别重要，它能帮助企业更快速、更便捷、更灵活地解决那些具有重复性的复杂问题。

替代性技术融合往往需要新技术与被替代技术之间具有相似的科学技术基础原理，与其他技术的组合方法也存在很大的趋同性。比如，新一代机械技术与传统机械技术的基础科学都是机械学，在融合成机电一体化复合型技术的过程中它们分别与电子电工技术、信息技术、传感器技术等的组合方式也相似。有学者认为当创新技术与现存技术相比属性类似且具有更高性价比时，它们之间具有稳定的替换性，有利于提升企业创新绩效。企业采取替代性技术融合进行产品开发时，将研发设备、人力等资本投入相似的科学技术领域，能以更低的研发和沟通成本实现产品与业务间的知识转移，降低不同技术之间的融合与重组成本。同时，相似技术元素间的兼容对接可有效提升新产品的可靠性及市场接受程度。一方面帮助企业在较短时间内赋予原有技术新的附加功能和更强的竞争力，加速产品系统性能优化；另一方面，相似领域之间的利益相关者更容易产生一致性认同，从而有利于降低各方交易成本和转换成本。由于替代性技术融合的目标导向主要是对原有产品进行改良和改进，客户群体和目标市场都具备一定基础，能有效避免市场信息不对称，帮助企业开发更多新产品。综上分析，提出下列假设。

H1b：替代性技术融合与企业产品创新绩效呈正相关。

基于上述分析，静态分析框架下互补性技术融合与替代性技术融合对企业产品创新绩效直接效应理论模型如图 4-1 所示。

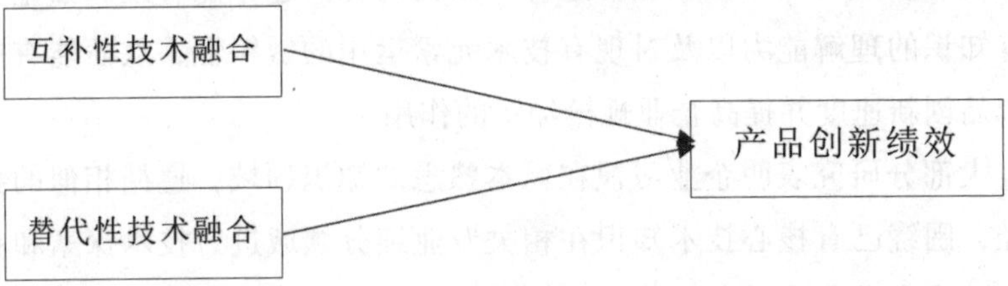

图 4-1　静态分析框架下技术融合对企业产品创新绩效的直接效应理论模型

第二节　动态分析框架下技术融合对产品创新绩效的影响

一、旧技术重组融合对产品创新绩效的影响

从技术和技术组合方式不断更新变化的视角，企业技术融合的演变主要基于两种方式：一种是将企业已有技术以新的方式进行重组融合，旨在依托现有知识基础，通过不断深入理解和挖掘已有知识技术，改进现有技术知识组合，从而开发出新技术的过程，我们称之为“旧技术重组融合”。另一种是通过引进外部新技术和新知识，在超越现有技术路径的知识基础上，通过全新的技术组合方式来寻求突破，我们把这种融

合方式称为“新技术渗透融合”。有学者认为企业的技术知识是一个动态开放的集合，企业内部知识重组和外部新知识获取会在一定程度上改变企业技术知识基础结构，并进一步影响企业的创新产出。赛亚·亚瓦拉姆（Yayavaram S）则基于知识基础观，进一步从企业已有知识连接变化的视角研究了企业知识基础动态演变与创新有用性的关系。有学者在其研究中指出，企业在专门的技术领域形成的核心技能与研发生产力，能有效避免企业技术研发在特定领域形成的路径依赖所造成的边际收益递减效应。旧技术重组融合重点依托企业现有知识基础，依据新的需求围绕现有领域对已知技术组合进行不断提升和改进，能有效加强企业对现有知识的理解能力以及对现有技术元素运用的敏锐性，从而能有效加快产品创新速度并提高企业规模经济的作用。

大部分研究表明企业习惯在原本熟悉的知识领域，遵循相似的技术路径，围绕已有核心技术知识在相关专业细分领域进行技术探索和技术开发。当企业集中精力，将有限的人力、物力和财力等资源聚焦于现有领域时，有利于企业在熟悉的知识储备中进一步挖掘单个技术元素的利用方式，并积累重组这类技术知识的经验，从而有助于企业获取更丰富的研发经验，使得技术探索和产品开发结果更具有竞争优势。有学者认为，企业的吸收能力主要取决于对过去知识基础的深度理解和探索。因此，企业对已有技术知识元素的深度挖掘和重组利用能有效帮助企业提升吸收能力，降低不同技术之间的融合成本。知识转移是技术融合的重要前提，企业内部知识转移比外部企业与企业之间的知识转移要容易得多，当企业在某一特定领域进行持续的知识积累和技术研发，将更有利于快速获取先发优势并提高企业绩效。一方面，企业在原本熟悉的理论基础上重组利用已有知识进行研究和技术开发时，能以更低的研发和沟通成本实现产品与业务间的知识转移，从而更高效地帮助企业实现技术创新，并使企业比竞争对手更快推出满足市场需求的渐进式创新产品；另一方面，围绕自身熟悉的领域及市场进行产品开发，能降低生产企业与消费者之间的信息不对称，从而减少创新风险，提高创新成功率。因此，在旧技术重组融合过程中不断提升和改进现有技术组合，有利于企业打造自己的核心竞争力并有效提升企业产品创新绩效。所以提出下列假设。

H2a：旧技术重组融合与企业产品创新绩效呈正相关。

二、新技术渗透融合对产品创新绩效的影响

我国学者王小峰等认为企业已有技术知识之间的重组方式是有限的，为了获取持续的竞争优势，企业还需要在现有技术知识基础上不断引进外部新技术、新知识，并试图通过开发全新的技术组合来进行技术创新。但大范围地探索新技术、新知识，过度地在全新技术领域开展跨领域技术融合会增加企业技术融合成本、降低创新成功率、加大技术创新的不确定性。因此，企业在开展新技术渗透融合方式时，一方面可以在现有技术知识基础上，通过将企业已有技术与外部新技术进行融合，比如企业将内部核心力学技术与外部数字控制技术进行深度融合创造的机电一体化技术，以及各种传统技术与互联网技术的融合等；另一方面可以针对某一特定需求或问题，在全新的领域探索新技术之间的融合，比如生物技术与纳米技术的深度融合创造的全新生物纳米技术，为用于治疗癌症的单克隆抗体药物与靶向药物传递技术的多种突破性新药打开了研发与市场空间，基于生物纳米技术研制的很多新药在疾病的体外诊断、肿瘤治疗、临床造影等方面发挥了重要的关键性作用。近年来随着技术融合现象日趋普遍，很多企业已经将外部新技术获取视为一种重要的技术来源，尤其对于新能源汽车等战略性新兴产业，其各技术模块基础知识可能来源于不同技术领域，整车生产公司需要努力吸收各领域知识和信息，并通过对多种技术知识进行非线性组合，才能比竞争对手更及时地推出新产品。

赛亚·亚瓦拉姆在研究企业知识基础演变的过程中发现，企业通过引入外部新知识并将其融入企业现有知识基础中，一方面能有效规避技术知识元素重组耗尽的风险；另一方面新知识的储备与运用能帮助企业灵活应对外部竞争市场加剧、消费者需求变化以及产品生命周期缩短等

状况。因此，新技术渗透融合带来的丰富多样的技术组合方式，能增加跨领域技术融合机会，有利于减弱企业在某种特定技术领域的锁定效应，增强企业战略柔性，提高产品创新成功率。首先，新技术的持续引进能够拓宽公司技术基础范围并带来更多异质性知识，帮助企业挖掘多种技术路径，有效提高技术组合机会。非核心领域的异质性知识往往能激发企业灵感并调动各利益主体的积极性，从而更有助于企业在产品开发过程中找到更多解决关键技术难题的可能的解决方案。其次，新技术渗透融合有利于企业捕捉更多不同领域的市场机遇，帮助企业推出由多种技术整合而成的新产品，及时抢占市场先机。大部分学者认为产品创新是一项复杂的系统工程，需要结合不同领域的先进方案和思路，才能比竞争对手更快推出满足市场实际需求的新产品。当企业面临复杂多变的外部环境时，新技术引入更容易克服产品开发过程中遇到的技术瓶颈问题，从而帮助企业更快推出新产品。最后，新技术渗透融合能帮助企业克服核心刚性和创新惰性，避免企业被锁定在某一特定路径上并陷入能力陷阱，从而为企业创新提供一定的原动力。因此，新技术渗透融合不仅能扩展企业现有知识技能，改进已有产品和服务，而且还能帮助企业避免单一思维模式和能力陷阱，从而拥有更多新的产品开发思路。综上分析，本书提出下列假设。

H2b：新技术渗透融合与企业产品创新绩效呈正相关。

基于上述分析，动态分析框架下旧技术重组融合与新技术渗透融合对企业产品创新绩效直接效应的理论模型如图 4-2 所示。

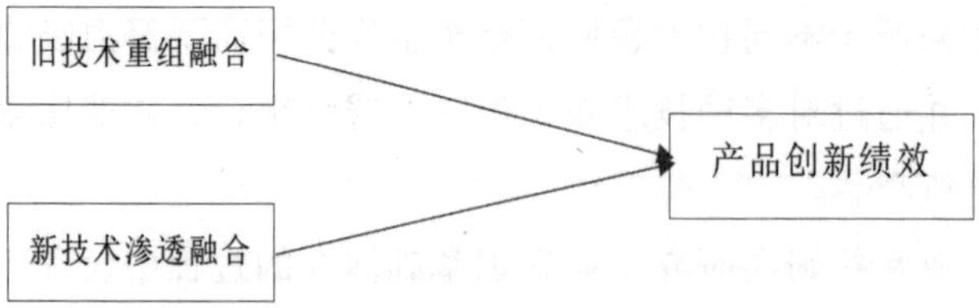

图 4-2　动态分析框架下技术融合对企业产品创新绩效的直接效应理论模型

第三节 实证研究设计

一、数据来源与研究样本

本书研究样本来自我国汽车产业所有新能源汽车生产企业2005—2017年的专利、标准、新产品和企业性质的面板数据。选择我国新能源汽车企业作为研究样本的原因主要有两方面：①我国战略性新兴产业的兴起一开始都是基于不同领域的技术融合，再到市场和产业的融合。因此类似于新能源汽车产业的战略性新兴产业的技术发展状况更能体现跨领域技术融合的特征。②产品创新对于车辆生产企业来说非常重要，新一代信息技术和智能制造的发展使跨领域搜索相关知识、展开跨学科交融非常普遍。尤其对于新能源汽车等战略性新兴产业，其各技术模块基础知识可能来源于不同技术领域，作为整车生产公司需要努力吸收各领域知识和信息。

本书基于中国工业和信息化部发布的公告收集了从第1批至第303批《车辆生产企业及产品公告》的所有数据。该数据覆盖了我国所有道路机动车辆生产企业信息以及历年所有的新机动车辆产品信息，字段包括产品编号、车辆品牌、车辆制造企业、公告发布日期、产品参数类型、燃料种类、是否为新能源汽车等，是权威完整的新产品数据来源。公告数据将新产品属性划分为“全新车型”“变更类车型”和“扩展类车型”。通过对中国汽车技术研究中心和多家整车生产企业进行深度访谈得知，全新车型是相对该企业来说不同于以往车型的全新产品，而变更类和扩展类车型是在企业原有车型基础上进行改进的产品。将所有原始数据进行收集并对它进行整理，首先是去重；其次根据“是否为新能源汽车”并对照“燃料种类”字段对所需新能源车辆产品数据进行逐一提取；最后依据新产品属性，识别出全新车型产品，整理后的数据一共包括19 643条新能源新产品，涉及新能源车辆制造企业354家。

以上筛选出的354家样本企业的专利数据从湖南省专利信息公共服务平台下载所得。先完整获取以上354家新能源汽车企业所申请的全部发明专利和实用新型专利，并对专利申请人名称进行统一处理，识别、清理和剔除没有申请过专利的企业，最终得到的有效样本企业为343家；再根据专利申请号进行去重，并通过提取代表不同领域技术类别的IPC号前四位代码构建出每一家样本企业的专利IPC申请历史库；最后根据本书研究要求计算出每一家样本企业的专利数据指标。企业层面的年龄、性质等数据则主要来源于公司官网和国家信用信息公示系统。以上所有数据获取后均经过人工逐条筛选并反复核实以确保样本数据真实性和准确性。

二、变量测量

（一）因变量

产品创新绩效（NNP）。创新的数量是衡量创新成果最直接的表现，很多学者通过企业开发的新产品数量来测度产品创新绩效，比如有学者认为采用审批通过的新药品数量来计算产品创新产出。其他大批学者也认为新产品数量是衡量产品创新绩效的合理指标。本书借鉴前人的研究，通过从我国工业和信息化部发布的公告中收集了第1~303批机动车新产品数据，该数据覆盖了我国所有机动车辆生产企业历年所有新机动车辆产品信息，是权威完整的新产品数据来源。公告数据中将整车车辆类型划分为三种，分别是全新类车型、变更类车型和扩展类车型。通过对中国汽车技术研究中心和多家整车生产企业进行深度访谈得知，全新类车型是相对该企业来说在技术特征、功能用途或产品结构某方面不同于以往车型的全新产品，而变更类和扩展类车型只是在企业原有车型基础上进行改造或提升的产品，多指外观上的改造或改进。本书所关注的新产品是指企业通过引入新的设计构思生产和开发的一种能给消费者提供新的利益或新的效用而被市场广泛接受的产品，其在技术特征、功能用途、产品结构等方面有别于原有产品，能给消费者带来新的效益或开发新的市场需求。因此，基于新产品的本质内涵，本书通过每年在国家工业和信息化部审核发布的各企业全新新能源汽车车型数量相关数据来测度企业产品创新绩效。

（二）自变量

在创新研究中，企业申请的专利通常能体现企业的技术知识状况，国际专利分类号 IPC 是按技术领域进行划分，IPC 小类（前四位）可视为不同领域技术知识元素的代表。一项发明专利往往包含多个 IPC 分类号，而不同的 IPC 分类号前四位代码代表不同的技术领域。一系列研究表明不同类别的技术在同一专利中出现，反映了技术之间的关联性，正是 IPC 所代表的不同类别技术之间的关联性揭示了不同领域间的技术融合。因此，本书借鉴以往研究，以不同的专利分类号 IPC 小类（前四位）代表企业不同的技术元素，并以三年作为时间窗口构建企业的技术基础，即以企业 2008—2010 年申请的专利衡量企业 2010 年的技术基础。赛亚·亚瓦拉姆在研究企业技术基础演变过程中指出，以三年作为时间窗口对企业技术发展进行分析是比较常见且科学的分析方式。

1. 互补性技术融合与替代性技术融合

本书结合以往研究并借鉴有些学者对技术知识耦合结构的测度方法，通过专利 IPC 号的耦合结构与替代关系分别对互补性和替代性技术融合进行测度。

第一步：以三年为时间窗口，通过企业所有发明专利和实用新型专利数据构建焦点企业的技术元素共现矩阵。在构建技术元素共现矩阵时，如果两个不同 IPC 分类号同时出现在一个专利中，则认为这两个技术元素共现一次。

第二步：通过技术共现矩阵统计出技术元素之间的共现频率，以此为基础计算公式（1）、（2）和（3）。式中 O_i 表示包含技术元素 i 的所有专利数量，O_j 表示包含技术元素 j 的所有专利数量，J_{ij} 表示同时包含技术元素 i 和技术元素 j 的所有专利数量（两个技术元素 i 和 j 同时共现在同一专利中的次数），K 代表所有专利申请总数。μ_{ij} 为均值；σ_{ij}^2 为方差；τ_{ij} 为标准化值。

$$\mu_{ij} = E(X_{ij} = x) = \frac{O_i\ O_j}{K} \quad (1)$$

$$\sigma_{ij}{}^2 = \mu_{ij}\left(\frac{K-O_i}{K}\right)\left(\frac{K-O_j}{K-1}\right) \quad (2)$$

$$\tau_{ij} = \frac{J_{ij}-\mu_{ij}}{\sigma_{ij}} \quad (3)$$

第三步：通过上述计算结果计算焦点企业的互补性技术融合值CTC，具体计算公式如式（4）和式（5）所示。P_i 为焦点企业在观察年期间包含技术元素 i 的专利数量，P_j 为焦点企业在观察年期间包含技术元素 j 的专利数量，n 代表所有不同技术类别的数量。WAR_i 为焦点企业技术元素 i 的加权平均值。

$$WAR_i = \frac{\sum_{i\neq j}\tau_{ij}p_j}{\sum_{i\neq j}p_j} \quad (4)$$

$$CTC = \sum_{i=1}^{n}\left(\frac{p_i}{\sum_i p_i}\cdot WAR_i\right) \quad (5)$$

第四步：参照有些学者的测度方法，利用余弦函数对替代性技术融合进行测度，具体公式如（6）和（7）所示。式中 n 代表所有样本中不同技术元素种类的数量，C_{jm} 代表技术元素 j 和其他 m 个技术元素同时出现在一个专利中的频数，C_{km} 代表技术元素 k 和其他 m 个技术元素同时出现在一个专利中的频数。

$$\varsigma_{jk} = \frac{\sum_{m=1}^{n}c_{jm}c_{km}}{\sqrt{\sum_{m=1}^{n}c_{jm}^2}\sqrt{\sum_{m=1}^{n}c_{km}^2}} \quad (6)$$

$$STC = \sum_{i=1}^{n}\left(\frac{p_i}{\sum_i p_i}\varsigma_{jk}\right) \quad (7)$$

2. 旧技术重组融合与新技术渗透融合

借鉴以往研究并参考有些学者对知识融合变化的测度方法。

第一步：先构建两阶段技术融合矩阵，用企业 t–6 至 t–4 年所有出现共现的技术元素及其连接数构建企业 t–3 年的技术融合矩阵 M1，用企业 t–3 至 t–1 年所有出现共现的技术元素及其连接数构建企业 t 年的技术融合矩阵 M2。然后对比两阶段企业技术融合矩阵 M1 和 M2 中包含的所有技术元素，区分新旧技术元素，若技术元素 i 同时出现在 M1 和 M2 中，则该技术元素 i 代表旧技术元素；若技术元素 j 只出现在 M2 中，且在 M1 中不存在，则该技术元素 j 为新技术元素。

第二步：通过以下公式，计算技术融合矩阵 M1 和 M2 中任意两个技术元素 i 和 j 的融合强度。式中 n_i 表示焦点企业在观察年期间包含技术元素 i 的专利数量；n_j 表示焦点企业在观察年期间包含技术元素 j 的专利数量；n_{ij} 表示焦点企业在观察年期间同时包含技术元素 i 和 j 的专利数。L_{i-j} 值越大说明 i 和 j 两个技术元素融合强度越大。

$$L_{i-j} = n_{ij} / (\mathrm{n}_i + \mathrm{n}_j - \mathrm{n}_{ij}) \tag{8}$$

第三步：参照赛亚 · 亚瓦拉姆对知识融合变化的测度方法，通过以下公式测度技术元素 i 和 j 在两阶段技术融合矩阵 M1 和 M2 中的变化情况。式中 P_i 和 P_j 分别表示焦点企业在技术组合矩阵 M1 中技术元素 i 和 j 所占专利的百分比，P_i' 和 P_j' 分别表示焦点企业在技术组合矩阵 M2 中技术元素 i 和 j 所占专利的百分比，以此计算焦点企业在观察年的旧技术重组融合与新技术渗透融合。

$$D = \sum[(p_i + p_j)/2 + (p_i' + p_j')/2] \tag{9}$$

第一，旧技术重组融合 (ETC)。如果技术元素 i 和 j 既出现在技术融合矩阵 M1 中，也出现在技术融合矩阵 M2 中，并且 i 和 j 的技术融合强度在 M1 和 M2 中发生了明显改变，则通过上述公式可计算出旧技术重组融合值。

第二，新技术渗透融合 (NTC)。新技术渗透融合包含两种情况：一种是新技术与旧技术的融合；另一种是新技术与新技术的融合。如果技术元素 i 同时出现在两阶段技术融合矩阵 M1 和 M2 中，技术元素 j 只出现在技术融合矩阵 M2 中，则通过技术元素 i 和 j 共现的专利数可计算出新技术与旧技术融合值；如果技术元素 i 和 j 均只出现在技术融合矩阵 M2 中，且在 M1 中不存在，则通过技术元素 i 和 j 共现的专利数计算出新技术与新技术渗透融合值。最后将两者结合，即可得出新技术渗透融合的值。

（三）控制变量

考虑到因变量会受到其他因素的影响，本书引入企业产品存量、技术复杂性、市场化指数、企业年龄和企业性质等控制变量。一方面为了避免源于技术水平和产品创新经验上存在的差异；另一方面为了削弱因变量由于某些组织特征带来的差异。各控制变量的具体测量如下。

第一，企业产品存量（PS）。创新是一个不断累积的过程，需要大量技术和资源作为支撑，企业产品存量作为反映企业过去产品创新数量及经验的一个重要指标，会影响企业后续产品创新进程。有学者认为企业产品存量与企业规模密切相关，随着企业产品存量的持续增加或企业规模的持续扩大，会使企业掌控的资源和技术逐渐加强。因此，本书把企业产品存量作为控制变量进行处理，并通过企业在观察年之前所发布的新产品总数对其进行计算。

第二，技术复杂性（TC）。技术复杂性代表了企业所处行业技术环境的复杂性和不确定性，当企业面临较高技术复杂性时，技术的高度不确定性会影响企业创新搜索进程与技术开发，进而影响企业产品创新绩效。因此本书认为技术复杂性是需要被控制的重要变量。其计算的具体公式如下：C_j/P_j 是通过所有新能源汽车样本企业在观察年期间的专利数据进行测度，其中 C_j 代表所有新能源汽车样本企业在观察年期间的专利数据中与技术元素 j 共同出现技术类别数量，P_j 表示所有新能源汽车样本企业在观察年期间的所有专利数据中包含技术类别 j 的专利总数；

d_{ij}/n_i 是聚焦在企业层面对某一焦点企业 i 进行指标构建，d_{ij} 为焦点企业 i 在所观测的时间窗口内包含技术类别 j 的专利数量，n_i 为焦点企业 i 在所观测的时间窗口内的专利总数。

$$技术复杂性=\sum_j \frac{C_j}{P_j} \cdot \frac{d_{ij}}{n_i} \quad (10)$$

第三，市场化指数（MI）。市场化指数是指企业所在省份和区域的市场化发展水平和程度，它主要受当地政府政策、法律法规、市场配套设施及区域经济环境的影响。企业所处市场环境不同，其技术创新和产品创新也会受到不同程度的影响，尤其对于新能源汽车等战略性新兴产业更是如此。因此，本书将市场化指数视为一个重要的控制变量纳入回归分析中。

第四，企业年龄 (EA)。企业年龄代表企业在本行业中存在的时长，成立时间越早，企业存在的时间也越长，在该领域积累的知识和经验也就越丰富，也越有利于企业获取外部异质性资源开展创新。本书通过企业成立时间对企业年龄进行测度。

第五，企业性质 (NE/FE)。企业性质在较大程度上会对政策、资金和技术等资源的可获取性产生影响，进而影响企业产品创新绩效。因此，本书引入是否为国有控股企业 (NE) 和是否为外资控股企业 (FE) 两个虚拟变量来控制企业所有权性质对产品创新绩效的影响。

三、模型选择

为了更好地控制因果效应，本书因变量比自变量滞后一年。在统计分析上，由于因变量“企业产品创新绩效”为非负整数，且研究中方差远远大于其均值（方差 =7.64，均值 =1.71）（表 4-1），即存在过度离散现象。因此，不宜采用要求误差服从正态分布的 OLS 进行回归，选择计数模型更加科学合理，而计数模型中的泊松回归模型可能会低估参数的标准差，不能很好地拟合数据，因此使用负二项回归模型对其进行分析。在选择负二项回归模型进行分析时，处理面板数据还需考虑固定效应和随机效应，在实际应用中一般采用豪斯曼（Hausman）检验，根据豪斯曼检验的结果 (P=0.000)，强烈拒绝关于系数差异源于非系统性因素的原假设，固定效应比随机效应模型更有效。因此本书更适合采用固定效应负二项回归模型对面板数据进行分析。

第四节　实证结果与分析

一、描述性统计

所有因变量、自变量、中介变量和控制变量的均值、标准差、相关系数如表 4-1 所示。从表中可以看出，因变量与各控制变量之间的相关系数均小于 0.7，说明因变量、自变量、中介变量和各控制变量之间不存在严重的相关关系，可以直接进行回归分析。

表 4-1　变量的描述性统计及相关系数

变量	NNP	PS	TC	MI	EA	NE	FE	CTC	STC	ETC	NTC
NPP	1.00										
PS	0.63	1.00									
TC	0.02	0.01	1.00								
MI	0.10	0.10	0.03	1.00							
EA	0.15	0.15	0.16	0.12	1.00						
NE	0.02	0.02	0.06	-0.01	0.06	1.00					
FE	0.04	0.08	0.04	0.08	0.06	-0.05	1.00				
CTC	0.09	0.07	0.36	0.05	0.16	0.04	0.04	1.00			
STC	0.19	0.16	0.43	0.10	0.22	0.08	0.01	0.33	1.00		
ETC	0.22	0.29	0.05	0.03	0.10	0.05	-0.01	-0.04	0.12	1.00	
NTC	0.14	0.17	0.13	0.02	0.11	0.09	-0.01	-0.03	0.19	0.56	1.00
Std	7.64	27.16	0.1	1.60	9.78	0.23	0.14	4.82	0.02	19.45	46.55
Mean	1.71	5.09	0.04	7.35	10.45	0.06	0.02	2.38	0.01	2.01	8.02

因变量、自变量、中介变量和控制变量等各变量的 VIF 系数如表 4-2 所示。VIF 一般以系数低于 5 或 10 作为判断标准。结果显示：各变量之间的相关系数均在可接受范围，VIF 值分布于 1.04 ~ 2.56，远小于共线性问题判定标准值，因此排除共线性担忧。

表 4-2　变量的方差膨胀因子 VIF 值及变量说明

变量	VIF	变量说明
CTC	1.23	互补性技术融合
STC	1.37	替代性技术融合
ETC	1.58	旧技术重组融合
NTC	2.56	新技术渗透融合
PS	1.14	产品存量
TC	1.34	技术复杂性
MI	1.04	市场化指数
EA	1.10	企业年龄
NE	1.05	国有控股
FE	1.04	外资控股
NPP	—	产品创新绩效
Mean	1.40	平均 VIF 值

二、回归分析

本书采用 STATA 对所有新能源汽车样本企业 2005—2017 年的新产品数据、专利数据和企业性质的面板数据等进行回归分析，如表 4-3 所示为跨领域技术融合对企业产品创新绩效影响的实证检验结果。根据本书直接效应的研究假设，共列出了 6 个回归模型，模型 1 是分析所有控制变量的基础估计模型，从模型 1 中可以看出，产品存量、市场化指数、企业年龄和外资企业这四个控制变量均在 1.000% 的水平上正向显著，这说明创新是一个不断累积的过程，产品的存量越多、企业存续时间越长、企业技术专利在各技术领域分布程度越广，企业所掌握的资源和技术就越多，越有利于提升企业产品创新绩效。

表 4-3 跨领域技术融合对企业产品创新绩效的回归结果

变量	模型 1	模型 2	模型 3	模型 4	模型 5	模型 6
PS	0.002*** (4.96)	0.002*** (5.52)	0.002*** (5.33)	0.004*** (11.08)	0.002*** (4.39)	0.002*** (4.84)
TC	−0.597 (−1.61)	−0.996* (−2.53)	−1.466** (−3.22)	−0.368 (−1.16)	−0.707 (−1.85)	−2.054*** (−4.09)
MI	0.254*** (7.24)	0.239*** (6.81)	0.215*** (6.13)	0.195*** (7.37)	0.260*** (7.37)	0.203*** (5.77)
EA	0.225*** (19.90)	0.207*** (17.27)	0.195*** (16.41)	0.0830*** (10.44)	0.226*** (20.10)	0.177*** (14.51)
NE	0.0635 (0.22)	0.0123 (0.04)	0.0215 (0.08)	0.108 (0.57)	0.138 (0.49)	0.207 (0.77)
FE	1.246*** (3.61)	1.256*** (3.52)	1.288*** (3.73)	0.534* (2.03)	1.136*** (3.38)	1.208*** (3.47)
CTC		0.0315*** (4.89)				0.0340*** (4.87)
STC			9.644*** (7.89)			9.392*** (7.66)
ETC				0.00373*** (4.37)		0.00167 (1.94)
NTC					0.00179*** (5.14)	0.00195*** (5.33)
Constant	−6.234*** (−22.87)	−5.987*** (−21.62)	−5.696*** (−20.39)	−4.377*** (−20.02)	−6.266*** (−22.85)	−5.453*** (−19.03)
N	4459	4459	4459	4459	4459	4459

说明：模型中的估计结果源自固定效应负二项回归，括号中的数值为标准误差，“*”代表 $P<0.1$，“**”代表 $P<0.05$，“***”代表 $P<0.01$。

模型 2 检验了互补性技术融合对企业产品创新绩效的影响，从回归结果可以看出，互补性技术融合在 1.000% 的水平上正向显著（回归系数为 0.0315），这说明互补性技术融合有利于提升企业产品创新绩效，一方面互补性技术融合能拓展企业知识宽度，避免技术锁定，帮助企业获取更多技术组合机会；另一方面互补性技术融合使得企业在非核心领域吸收的先进方法、流程及技术能简化和加速产品开发流程，帮助企业在新兴市场及时抢占先机，进而有利于推动企业整合外部异质性资源开发更多新产品。模型 3 检验了替代性技术融合与企业产品创新绩效之间的关系，回归分析结果显示替代性技术融合的回归系数为 9.644（$P<0.01$），这表明替代性技术融合有利于提升企业产品创新绩效，企业采取替代性技术融合进行产品开发时，将研发设备、人力等资本投入相似的科学技术领域，能以更低的研发和沟通成本实现产品与业务间的知识转移，降低不同技术之间的融合与重组成本。同时，替代性技术融合能在较短时间内赋予原有技术新的附加功能和更强的竞争力，加速产品系统性能优化。而且，由于替代性技术融合的目标导向主要是对原有产品进行改良，客户群体和目标市场都具备一定基础，能有效避免市场信息不对称，增强利益相关者对系统知识的一致性认同，从而帮助企业获取先动优势，并促进企业开发更多新产品。因此，H1a 和 H1b 得到了实证结果的充分支持。

模型 4 和模型 5 分别检验了旧技术重组融合与新技术渗透融合对企业产品创新绩效的影响。从模型 4 的回归分析结果可以看出，旧技术重组融合在 1.000% 的水平上正向显著（回归系数为 0.004），这说明旧技术重组融合对企业产品创新绩效具有显著的正向作用。当企业集中精力，将有限的人力、物力和财力等资源聚焦于现有领域时，有利于企业在熟悉的知识储备中进一步挖掘单个技术元素的利用方式，并积累重组这类技术知识的丰富经验，从而有助于企业获取更多更丰富的研发经验，使得技术探索和产品开发的结果更具有竞争优势。同时，围绕自身熟悉的领域及市场进行产品开发，能降低生产企业与消费者之间的信息不对称，从而降低创新风险，提高创新成功率。模型 5 的回归分析结果验证了新技术渗透融合在1.000%的水平上正向显著影响企业产品创新绩效。这表明新技术渗透融合不仅能扩展企业现有知识技能，改进已有产品和服务，而且还能丰富企业知识基础并给企业带来新的问题解决方案，从而有利于企业拥有更多新的产品开发思路。因此，H2a和H2b得到了实证结果的充分支持。

第五章　技术标准化能力的中介效应

第一节　静态分析框架下技术融合对技术标准化能力的影响

一、互补性技术融合对技术标准化能力的影响

现代技术的发展演化是一个不断走向模块化和标准化的过程，企业技术标准化能力是提升企业自主创新水平和促进企业协同发展的有力保障。企业在统一和规范有关工艺、生产方法、规定和规则的技术标准化过程中，一方面需要保障进入市场流通的产品和服务达到基本质量和安全要求；另一方面需要实现不同产品和服务之间的相互协同。技术标准本质上是对产品技术知识进行系统的编码化处理，通过产品不同模块知识之间的兼容性、替代性及互补性特征制定一系列技术要求和指导方案。一是标准的兼容性特征能使来自不同企业不同型号的产品通过统一接口实现不同产品之间的相互融通与兼容，从而更好地满足用户的实际需求；二是标准的主导特性能有效引导企业的技术选择行为，有助于合理规范行业的技术发展方向，将技术开发与用户需求聚焦于特定的效率轨道上，从而有助于整个产业朝着科学的方向快速发展。因此，在技术选择、技术标准制定和技术标准推广的过程中，技术标准化能力主要体现为技术的主导能力、创新能力、整合能力和协同能力。

互补性技术融合是指原本各自独立的技术相互补充，逐渐融合成一种新的混合技术的现象。比如，生物技术与计算机科学融合而产生的生

物信息技术，其中生物技术在计算机技术基础上打破了它的物理局限，而计算机技术为生物技术的发展提供了强有力的计算支撑。高度复杂产品的开发需要跨领域技术知识的协作，尤其对于新能源汽车等战略性新兴产业，各技术模块基础知识可能来源于不同技术领域。技术之间的互补和增强效应不仅能帮助企业实现技术集成创新，而且还能在技术创新上实现重大突破并促进多种技术协同演化。因此，互补性技术融合能从企业的技术创新、技术整合及技术协同等多方面有效提升企业的技术标准化能力。当企业能熟练掌握互补性技术融合时，外部新技术知识的获取及其互补性整合能力可有效拓展企业知识宽度，避免技术锁定，有力推动企业整合外部异质性资源，提升企业的技术标准化能力；另一方面，较强的互补性技术融合能力可以有效降低企业选择、评估和重组外部新技术知识的成本，尤其对于高度复杂产品的开发，互补性技术融合能有效避免企业在产品方向、特征、目标市场、制造责任等方面的一系列内部协调问题。所以，技术之间的互补和增强效应不仅能帮助企业实现技术集成创新，还能在技术创新上帮助企业实现重大突破并促进多种技术协同演化，能显著提升企业的技术标准化能力。鉴于上述探讨和分析，本书提出下列假设。

H3a：互补性技术融合正向影响企业技术标准化能力。

二、替代性技术融合对技术标准化能力的影响

很多学者认为技术标准化是对产品技术知识的系统编码化处理，代表了企业对某一特定产品的结构和功能在设计原理上的知识和经验的集成能力。替代性技术融合是指外来技术与企业现有技术范式具有某种相似属性，与其他技术元素及其组合方式也相似，强调企业专注于某一特定领域，通过培养自己的核心优势来提升企业的技术主导能力。在大多数情况下，替代性技术融合往往需要新技术与被替代技术之间具有相似的科学技术基础原理，技术知识元素之间具有较强的兼容性。企业在统一有关工艺和生产方法、规定、规则的技术标准化过程中，通过对技术

知识进行编码化处理，为企业内部技术知识的积累和发展提供基础。随着知识和经济全球化进一步加深，跨领域技术融合对于产业技术标准的形成，以及技术标准在企业技术创新路径变革过程中都发挥着关键性作用。一方面，随着替代性技术融合能力增强，企业将自身倡导的技术范式推广为技术标准的可能性就越大，致使企业在抢夺市场份额和扩大用户规模的标准竞争过程中会加大对现行标准的投入；另一方面，标准的兼容性特征和编码化过程能进一步强化企业的替代性技术融合能力，进而有利于企业建立一个开放、坚固、组织良好的技术基础结构，为新技术探索提供所需平台。

企业技术融合模式不同，其资源搜索和信息获取路径也会存在差异。企业在进行替代性技术融合时，会将研发设备、人力和资本投入相似的科学技术领域，这有利于降低企业选择、评估和重组新技术知识的成本，尤其对于高度复杂产品的开发，替代性技术融合能有效避免企业在产品方向、特征、目标市场、制造责任等方面的一系列内部协调问题。因此，企业在相关领域进行研究和技术开发时能以更低的研发和沟通成本实现产品与业务间的知识转移，降低不同技术之间的融合与重组成本；另一方面，企业在减少多样性选择而聚焦于特定的技术开发时，可以有效提升企业在某一特定领域的技术主导优势，有助于加强企业的标准化与整合能力。相似技术元素间的兼容对接可有效提升标准的可靠性及市场接受程度，加速技术标准的推广和实行。企业进行替代性技术融合时，一方面，技术间的关联性启发能帮助企业在较短时间内赋予现行标准新的附加功能和更强的竞争力；另一方面，相似领域之间的利益相关者更容易产生一致性认同，在技术配套选择和模块化产品对接等方面共识的达成能有效增强企业的技术标准化能力。因此，综上分析，提出下列假设。

H3b：替代性技术融合正向影响企业技术标准化能力。

第二节　动态分析框架下技术融合对技术标准化能力的影响

一、旧技术重组融合对技术标准化能力的影响

旧技术重组融合是指企业依托已有知识基础，通过积极探索知识元素间未曾使用过的耦合关系并使其变得有价值、有意义的过程。也就是将企业已有技术以新的方式进行重组融合，在深入理解和探索现有技术知识基础上，持续改进和完善已知技术组合，从而产生新的融合型技术替代原有技术。旧技术重组融合通过不断探索和完善已有技术及其组合关系，一方面有利于企业熟悉本行业各技术元素的利用方式，并积累重组这类技术知识的丰富经验，从而提升对产品技术知识的编码化处理能力；另一方面，企业在现存技术基础上进行研究和技术开发时，能以更快的速度实现产品与业务间的知识转移，促进创新成功率，从而为技术标准的形成提供有效支撑。其次，独特而丰富的知识元素组合关系能有效扩充企业的知识库，帮助企业探索产品不同模块知识技术之间的兼容性特征，从而有利于提升企业的技术协同能力并保证技术标准的兼容性。

技术标准是对产品技术知识进行系统的编码化处理，通过产品不同模块知识技术之间的兼容性、替代性及互补性特征制定一系列技术要求和指导方案。旧技术重组融合在对已知技术组合进行不断提升和改进的过程中，更能有效提升和改进现行标准。尤其对于新能源汽车等战略性新兴产业，各技术模块基础知识可能来源于不同技术领域，作为系统集成者的整车生产企业在技术创新融合过程的每一个环节都需要重点把握技术之间的兼容性和协同性。同时，为保持企业持续稳定的竞争优势，需要企业聚焦在特定技术领域，通过强有力的核心技术引导产业技术发展路径，成功排挤与之竞争的其他技术，将原有消费需求逐渐聚集在企业主导的技术标准之上。首先，旧技术的融合变化能有效提升企业的技术标准化能力。从技术标准本身的兼容性出发，旧技术重组融合能够开

发大量新颖的技术组合关系，能为标准的兼容性和协同性提供技术支撑；其次，旧技术重组融合通过聚焦特定的技术及其解决方案，能有效促成企业倡导的技术范式成为行业主导设计，从而有利于提升企业的技术标准化能力。综合上述分析，本书提出以下假设。

H4a：旧技术重组融合正向影响企业的技术标准化能力。

二、新技术渗透融合对技术标准化能力的影响

新技术渗透融合是一种“能力拓宽”的训练，即企业旨在偏离或超越现有知识基础，通过引进外部新技术知识打造全新的技术组合来寻求创新突破。企业在开展新技术渗透融合时主要有两种方式：一是在现有技术知识基础上，通过将企业已有技术与外部新技术进行融合，比如企业将内部核心力学技术与外部数字控制技术进行融合创造的机电一体化技术，以及各种传统企业将自身核心技术与互联网技术相融合等；二是将新技术与新技术进行融合开发，比如将计算机科学与生物技术融合创造出全新的生物信息技术（其中生物技术在计算机技术基础上打破了物理局限，而计算机技术为生物技术的发展提供了强有力的计算支撑），又如将生物技术与纳米技术深度融合创造全新的生物纳米技术等。新技术渗透融合意味着企业涉猎的技术基础范围更广阔，对异质性知识具有更好的吸收能力，在各种复杂多样的技术元素中能以更快的时间理解并重组各类知识。基于更广泛的技术知识范围，企业拥有更强的知识经验提升与其他模块之间配套的兼容性。

相对于专注单一领域或某一类型技术的组织来说，通过探索外部新技术及新技术组合方式进行技术融合创新能在更大范围内加强技术之间的兼容特性。而且，新型技术的引入与开发能有效帮助企业实现不同技术之间的交叉创新。有学者在其研究中指出重视扩充企业内部知识基础或从外部寻找资源的企业更有利于在知识转化和业务转移过程中广泛吸收溢出技术，从而有助于及时研制出更多满足市场实际需求的新产品。同时，我国学者邹思明认为，企业涉猎的技术范围越广，企业越容易吸

引外部市场关系中重在寻求互补配套的组织，从而更有可能获取技术先发优势，并被邀请参与技术标准的起草与制定等。此外，当企业在更多新兴领域长时间积累和吸收很多知识和技能之后，企业将拥有更多丰富经验从现有技术带来的标准问题中提炼出标准的解决方案，并根据经验对其进行逐步改进。因此，我们有理由推断出新技术渗透融合有利于提高企业的技术标准化能力。综上分析，本书提出如下假设。

H4b：新技术渗透融合正向影响企业技术标准化能力。

第三节　技术标准化能力的中介作用

一、技术标准化能力对企业产品创新绩效的影响

技术标准是一种约束产品生产过程中各项活动的规范性文件，是由国家政策、企业标准化决策和用户市场选择共同作用所形成的特定技术路径，该路径具备一定权威性和统一性。企业在统一有关工艺和生产方法、规定、规则的技术标准化过程中，通过对技术知识进行编码化处理，为企业内部技术知识的积累和发展提供基础。同时，随着知识和经济全球化程度进一步加深，技术标准在企业新产品研发过程中发挥着关键性的引导作用和桥梁作用。一方面，通过约束复杂多样的技术选择行为，将技术创新发展纳入标准轨道；另一方面，标准的兼容性特征和编码化过程能为企业建立一个开放、坚固、组织良好的知识基础结构，为产品创新提供所需平台。知识基础观认为知识是产品创新创造的首要关键资源，具备高度兼容性的标准化知识能为复杂产品系统在技术准则、产品工艺、制造方法和流程等方面提供解决方案。尤其对于新能源汽车等战略性新兴产业，各技术模块的基础知识可能来源于不同技术领域，相比没有标准意识的其他竞争对手，技术标准化能力较强的整车生产企业能更精准地推出易被市场及配套生产厂商接受的新技术和新产品。

孙耀吾等学者认为技术标准是高新技术企业参与市场竞争的制高

点，是新经济形态下企业技术水平和技术能力的重要体现。邹思明基于网络外部效应指出，标准的兼容性特征能使来自不同企业不同型号的产品通过统一接口实现不同产品之间的相互融通与兼容，从而更好地满足用户的实际需求并减少市场进入者制造和消费者购买的风险。同时，其还指出标准的主导特性能有效引导企业的技术选择行为，能有效且合理地规范产业的技术发展方向，将技术开发与用户需求聚焦于特定的效率轨道上，从而有助于整个产业朝着科学的方向快速发展。因此，①具备更高技术标准化能力的企业在产业规划和发展中具有更多决策权，将享有更多制定规则的权利，比如拥有持续提供产品达标性的权利、根据自身偏好影响标准内容的权利等；②技术标准化能力较强的企业可通过把控或主导行业发展趋势，帮助企业开发更多满足行业内配套企业及用户需求的新技术或新产品；③技术标准化能力较强的企业通过影响产品技术轨迹，帮助企业进行标准变动导致的产品修改和时间调整，从而大大降低企业由于 R&D 投资失败风险所带来的修正成本。综上分析，本书提出下列假设。

H5：技术标准化能力正向影响企业产品创新绩效。

二、静态分析框架下技术标准化能力的中介作用

技术元素之间的关系比技术本身更重要，对技术元素间关系的认知反映了企业利用技术元素开展技术创新的特定方式，会影响产品创新方向。弗雷德里克·哈克林认为技术融合是基于技术组合结构重新调整和构建的新型技术创新方式。本书通过借鉴已有研究，基于静态分析视角，从技术元素关系出发，将技术融合分为替代性与互补性两种类型。替代性技术融合是指外来技术与企业现有技术范式具有某种相似属性，与其他技术元素及其组合方式也相似，强调技术之间的关联性和相似性。替代性技术融合主要发生在具有紧密联系的技术之间，技术知识元素之间具有较强的兼容性。企业在进行替代性技术融合时将研发设备、人力和资本投入相似的科学技术领域，有利于产生较好的学习效应和累积效应，

从而更有利于促进渐进式产品创新。互补性技术融合是指原本各自独立的技术相互补充，逐渐融合成一种新的混合技术的现象。比如，生物技术与计算机科学融合而产生的生物信息技术，其中生物技术在计算机技术基础上打破了自身的物理局限，而计算机技术为生物技术的发展提供了强有力的计算支撑。技术之间的互补和增强效应不仅能帮助企业实现技术集成创新，而且还能在技术创新上实现重大突破并促进多种技术协同演化。如纳米技术与生物技术融合而产生的全新生物纳米技术，为多种突破性新药打开了研发与市场空间。互补性技术融合要求企业在深入理解和挖掘现有技术知识的基础上，对从未涉猎过的新知识进行理解和整合。因此，互补性与替代性技术融合都是企业根据现实需求有目的地引进与自身技术具有较强兼容性和互补性的其他领域的先进技术，通过不同领域技术相互交叉重组，逐渐融合产生一种具有新型功能技术的过程。

企业在不断扩充知识基础范围，通过互补性与替代性技术融合开发新产品的过程中会积累丰富多样的异质性知识，而技术标准化是对产品技术知识进行系统的编码化处理，通过产品不同模块知识技术之间的兼容性、替代性及互补性特征制定一系列技术要求和指导方案。因此，我们有理由推断技术标准化能力在跨领域技术融合与企业产品创新绩效的关系中存在中介桥梁作用。一方面，技术标准化能力能使来自不同企业不同型号的产品通过统一接口实现相互融通与兼容，从而减少市场进入者制造和消费者购买的风险。另一方面，在跨领域技术融合过程中，技术标准通过约束复杂多样的技术选择行为，有效引导企业的技术发展路径，并合理规范产业的技术发展方向，将技术开发与用户需求聚焦于特定的效率轨道上，从而有助于提高企业产品创新效率。此外，广泛的技术知识基础是新产品得以成功研制的关键，技术标准化能力能很好地处理多元化的异质性知识，针对多个产业进行技术布局，从而帮助企业捕捉更多跨市场战略机遇，开发更多新产品。因此，在企业统一有关工艺和生产方法、规定、规则的技术标准化过程中，技术标准化通过对技术知识进行编码化处理，在企业跨领域技术融合与产品创新过程中发挥着关键性的引导作用和桥梁作用。一方面，通过约束多样性技术选择行为，将技术创新发展纳入标准轨道；另一方面，标准的兼容性特征和编码化过程能为企业建立一个开放、坚固、组织良好的技术基础结构，为新技术、新产品的探索提供所需平台。综上分析，本书提出下列假设。

H6a：技术标准化能力在互补性技术融合与企业产品创新绩效的关系中存在中介效应。

H6b：技术标准化能力在替代性技术融合与企业产品创新绩效的关系中存在中介效应。

基于前文的分析，企业技术标准化能力在静态分析框架下跨领域技术融合对企业产品创新绩效的中介作用概念模型如图 5-1 所示。

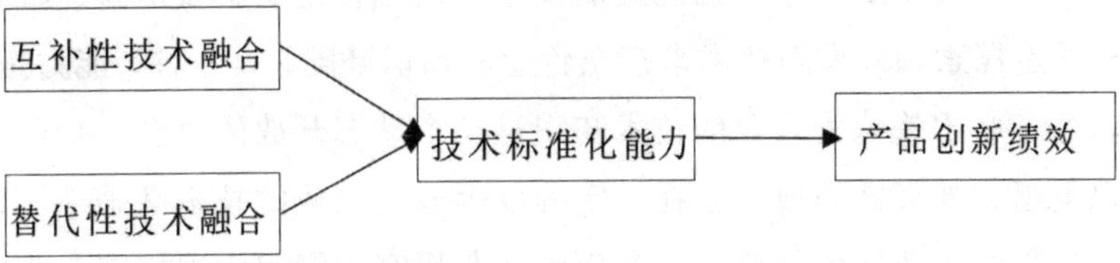

图 5-1　静态分析框架下技术标准化能力中介作用的概念模型

三、动态分析框架下技术标准化能力的中介作用

以互联网为核心的新一轮科技和产业革命正在孕育兴起，市场需求个性化、质量型、多样化竞争加剧，产品创新日益呈现复杂化、个性化、系列化和智能化等发展趋势。企业的技术探索与技术创新随之也处在一个不断变化的动态过程中，比如华为和阿里巴巴等大型企业不惜花费巨资成立一个专门的技术探索与研发部门，其旨在不断探索和开发更多新兴技术，捕捉更多跨市场战略机遇。基于技术和技术组合方式不断更新变化的动态视角，本书从知识重组和外部知识不断获取的角度将企业的技术融合大致划分成两种类型：一种是在对已有知识和技能进行深度理解和反复认知的基础上，通过捕捉新现象和新需求，围绕现存技术为各种不同目的进一步组合成各种各样的技术可能性的过程，我们称之为“旧

技术重组融合”。旧技术重组融合是将企业已有技术以新的方式进行重组融合的过程，旨在依托现有知识基础，不断改进和完善现有组合及其组合方式。另一种是通过引进外部新技术、新知识，旨在偏离或超越现有知识基础，通过全新的技术组合方式来寻求突破，我们称之为“新技术渗透融合”。企业在原有理论基础上将旧技术重组，利用现存知识进行研究和技术开发时，能以更低的研发和沟通成本实现产品与业务间的知识转移，帮助企业在更短的时间内获取先动优势，从而有助于企业相对其他竞争对手更快应对和掌控渐进式产品创新市场。新技术渗透融合意味着企业涉猎的技术基础范围更广阔，对异质性知识具有更好的吸收能力，在各种复杂多样的技术元素中能以更快的速度理解并重组各类知识，从而提高创新效率。无论是旧技术重组融合还是新技术渗透融合，都是通过探索和开发新技术来扩充企业的知识基础，是一种“能力拓宽”的训练。有学者认为企业的技术知识是一个动态开放的集合，企业内部知识重组、外部知识搜寻会在一定程度上改变企业的技术基础结构，并进一步影响企业的创新产出。有学者在其研究中指出重视扩充企业内部知识基础或从外部寻找资源的企业更有利于在知识转化和业务转移过程中广泛吸收溢出技术，从而有助于及时研制出更多满足市场实际需求的新产品。

技术标准是技术演化的过程与结果，是协同创新与自主创新的统一。企业对产品或服务进行统一规范时，一方面需要保障进入市场流通的产品和服务达到基本质量和安全要求，另一方面需要实现不同产品和服务之间的相互协同。因此，无论是旧技术重组融合还是新技术渗透融合，本书认为技术标准化能力在技术融合演变与企业产品创新过程中都存在中介作用。旧技术重组融合与新技术渗透融合都能够通过产生新颖的知识组合为企业进入新的创新轨道提供切入点，帮助企业在产品创新过程中对某个技术难题或某项技术瓶颈提供合理的解决方案。新技术渗透融合能帮助企业吸引外部市场关系中重在寻求互补配套的组织，技术标准化能力的主导效应会帮助企业在行业中占据核心优势，并通过构建基于标准的技术创新联盟为企业赢得竞争优势。但大范围探索新技术，过度地在全新技术领域开展跨领域技术融合会增加企业技术融合成本、加大技术探索的不确定性，同时也会由于企业研发布局分散在多个领域，从而不利于企业在某一特定领域打造核心竞争力。此时技术标准化在对产品技术知识进行系统的编码化处理过程中，能帮助企业有效识别那些不相干技术，将企业的整体开发与创新纳入效率轨道。技术标准化能力在新旧技术融合过程中能帮助企业辨析、推测和整合符合行业发展趋势的各项优质技术需求，并凭借已有技术主导能力和技术协同能力，实现不同技术之间的交叉创新，进而相对竞争对手更高效率地推出符合市场需求的新产品。不同领域技术相互交叉渗透所导致的范围经济能帮助企业捕捉更多市场机会，并科学地把握行业技术发展趋势。此外，当企业陷入思维定式，导致主流的创新轨迹被锁定时，旧技术重组融合与新技术渗透融合能帮助企业突破固有的思维局限，在技术标准及其主导能力的支撑和引导下，通过更少的时间帮助企业开发更多满足行业内配套企业及用户需求的新技术或新产品。因此，基于更广泛的技术知识范围，技术标准化能力在新旧技术重组融合与企业产品创新过程中起着重要的中介作用和桥梁作用。综上分析，本书提出下列假设。

H7a：技术标准化能力在旧技术重组融合与企业产品创新绩效的关系中存在中介效应。

H7b：技术标准化能力在新技术渗透融合与企业产品创新绩效的关系中存在中介效应。

基于前文的分析，企业技术标准化能力在动态分析框架下在跨领域技术融合与企业产品创新绩效之间的中介作用概念模型如图 5-2 所示。

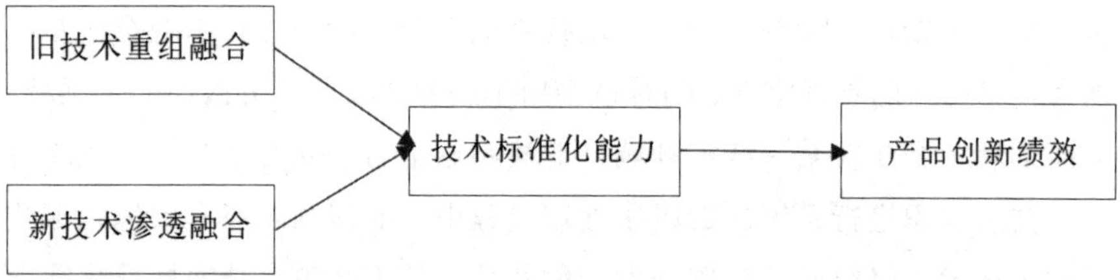

图 5-2　动态分析框架下技术标准化能力中介作用的概念模型

第四节　实证研究设计

一、研究样本与数据来源

随着新一代信息技术与传统产业的深度融合，产品创新日益向复杂化、系统化、多样化方向发展。尤其对于新能源汽车等战略性新兴产业，各技术模块基础知识可能来源于不同技术领域，整车生产公司需要努力吸收各领域知识和信息，通过多种技术组合比竞争对手更快推出满足市场需求的新产品。因此，本书研究样本来自我国汽车产业所有新能源汽车生产企业2005—2017年的专利、标准、新产品和企业性质的面板数据。

新产品数据来源于中国工业和信息化部第1批至第303批《车辆生产企业及产品公告》的所有数据，根据“是否为新能源汽车”和“燃料种类”字段提取所有新能源新产品数据；专利数据来源于湖南省专利信息公共服务平台，该平台对接国家知识产权局，向企业和社会公众提供世界专利信息查询和下载通道；标准数据来源于目前国内标准数据量最大、收录最完整的“标准数据总库”；企业特征数据通过国家市场监督管理总局、地方市场监督管理总局及公司官网进行收集和整理。以上所有数据获取后均经过人工逐条筛选并反复核实以确保样本数据的真实性和准确性。

二、变量测量

企业技术标准化能力（TSC）。大部分关于标准竞争经济学的研究以企业倡导的技术范式是否成为技术标准来观察企业技术标准化能力，主要包括技术标准制定能力与推广能力。国外有些学者主要通过企业在技术标准制定中起草或改变的项数来测度企业技术标准化能力。基于中国国情，我国学者邹思明等通过对中国标准化研究院、汽标委和比亚迪等主要从事标准化活动的组织和企业进行深度访谈后发现，在严格遵循统一标准流程的条件下，我国产业内任何组织都有机会参与国家 / 行业标准的制修订，并对其他组织起草申请的技术标准均有建议权，其中技术标准化能力较强且对标准制定、修订影响较大的企业，可吸纳为标准起草单位。因此，邹思明认为标准起草单位对某技术范式是否成为技术标准具有较大的影响力，当企业被授权参与技术标准制定时，其参与的次数越多，说明其在某行业的技术标准化影响力越大。本书借鉴邹思明等学者的研究做法，采用企业作为起草单位参与技术标准制定的次数来测量企业的技术标准化能力。

第五节　实证结果分析

一、描述性统计

表 5-1 是包含中介变量技术标准化能力在内的所有变量的均值、标准差、相关系数和方差膨胀因子 VIF 系数。方差膨胀因子用于检验变量之间的共线性问题，一般以系数低于 5 或 10 作为判断标准。如表 5-1 统计结果显示，各变量之间的相关系数均不高于 0.70，且 VIF 值分布在 1.04~2.56，说明各变量之间不存在多重共线性问题，可纳入固定效应回归模型对其进行回归分析。

表 5-1 中介效应变量的描述性统计及相关系数

变量	NNP	PS	TC	MI	EA	NE	FE	CTC	STC	ETC	NTC	TSC
NPP	1.00											
PS	0.63	1.00										
TC	0.02	0.01	1.00									
MI	0.10	0.10	0.03	1.00								
EA	0.15	0.15	0.16	0.12	1.00							
NE	0.02	0.02	0.06	-0.01	0.06	1.00						
FE	0.04	0.08	0.04	0.08	0.06	0.05	1.00					
CTC	0.09	0.07	0.36	0.05	0.16	0.04	0.04	1.00				
STC	0.19	0.16	0.43	0.10	0.22	0.08	0.01	0.33	1.00			
ETC	0.22	0.29	0.05	0.03	0.10	0.05	0.01	0.04	0.12	1.00		
NTC	0.14	0.17	0.13	0.02	0.11	0.09	0.01	0.03	0.19	0.56	1.00	
TSC	0.21	0.27	0.13	0.05	0.15	0.13	0.11	0.07	0.19	0.31	0.31	1.00
Std	7.64	27.16	0.1	1.60	9.78	0.23	0.14	4.82	0.02	19.45	46.55	1.06
Mean	1.71	5.09	0.04	7.35	10.45	0.06	0.02	2.38	0.01	2.01	8.02	0.25
VIF	—	1.14	1.34	1.04	1.10	1.05	1.04	1.23	1.37	1.58	2.56	1.24

二、静态分析框架下技术标准化能力中介效应的实证研究

如表 5-2 所示，模型 5.0 检验了技术标准化能力对企业产品创新绩效的影响，从模型中可以看出，以企业产品创新绩效 (NPP) 为因变量，技术标准化能力 (TSC) 为自变量的回归系数在 1.000% 的水平上正向显著（ β =0.157, $P<0.01$ ），这说明技术标准化能力正向影响企业产品创新绩效。对于汽车行业的企业来说，企业技术标准化能力越强，其对整个行业的技术主导能力越是占据优势，享有更多制定规则的权力，它更容易将自己倡导的技术范式推广为产业技术标准并有效把握产业技术创新方向，帮助企业开发更多满足行业内配套企业及用户需求的新技术或新产品。同时，技术标准化能力较强的企业通过影响产品技术轨迹，帮助企业进行由于标准变动导致的产品修改和时间调整，从而大大降低企业由于 R&D 投资失败风险所带来的修正成本。因此，研究假设得到了实证检验结果的充分支持。

根据静态分析框架下技术标准化能力对跨领域技术融合与企业产品创新绩效之间关系的中介作用，共构建了 6 个回归模型，回归分析结果如表 5-2 所示。在回归分析中，模型 5.1 至 5.3 研究了技术标准化能力对互补性技术融合与企业产品创新绩效之间关系的中介作用，模型 5.4 至 5.6 研究了技术标准化能力对替代性技术融合与企业产品创新绩效之间关系的中介作用。借鉴有些学者的逐步检验法对本书中技术标准化能力对互补性技术融合与企业产品创新绩效之间关系的中介效应进行检验，如模型 5.1 至 5.3 所示，主要分为三步：①检验自变量互补性技术融合（CTC）对因变量产品创新绩效（NPP）的直接效应是否显著，从模型 5.1 的结果可以看出，自变量互补性技术融合（CTC）对因变量产品创新绩效（NPP）的影响在 1.000% 的水平上正向显著（β=0.028, P<0.01）；②再以技术标准化能力（TSC）作为因变量，检验互补性技术融合（CTC）对技术标准化能力（TSC）的影响是否显著，模型 5.2 中可以看出，互补性技术融合对技术标准化能力的影响结果不显著；③在考虑中介变量技术标准化能力（TSC）作用的条件下，将自变量和中介变量置于同一模型中，检验自变量互补性技术融合（CTC）对因变量产品创新绩效（NPP）是否显著，以此来区分是完全中介作用还是部分中介作用。在模型 5.3 中，虽然可以看出自变量互补性技术融合（CTC）和中介变量技术标准化能力（TSC）的正向系数都显著，但由于模型 5.2 中结果不显著，所以最终判断假设 3a 和假设 6a 均未得到实证结果的支持。可能的原因是互补性技术融合主要是力求偏离和超越现有技术轨道，很难在特定的技术领域长期积累专门的知识和技能，也就难以从现有技术带来的标准问题中提炼出解决那些重复性问题的标准解决方案。所以互补性技术融合对企业技术标准化能力的影响并不显著，同时技术标准化能力在互补性技术融合与企业产品创新绩效的关系中也不存在显著的中介作用。

表 5-2 静态分析框架下技术标准化能力的中介作用回归结果

变量代码	模型 5.0 NPP	模型 5.1 NPP	模型 5.2 TSC	模型 5.3 NPP	模型 5.4 NPP	模型 5.5 TSC	模型 5.6 NPP
PS	0.004*** (12.14)	0.002*** (4.59)	0.001*** (2.50)	0.004*** (12.24)	0.002*** (4.54)	0.010*** (16.27)	0.002*** (4.73)
TC	0.352 (1.08)	0.991* (2.54)	0.197 (0.64)	1.215** (3.19)	1.460** (3.27)	0.633*** (3.96)	1.376** (3.06)
MI	0.197*** (6.56)	0.242*** (6.82)	0.177** (2.88)	0.180*** (6.97)	0.217*** (6.14)	0.009 (0.93)	0.218*** (6.23)
EA	0.079*** (10.93)	0.217*** (18.42)	0.198*** (13.34)	0.070*** (11.47)	0.202*** (17.01)	0.008*** (4.88)	0.193*** (15.56)
NE	0.158 (0.94)	0.403 (1.46)	0.137 (0.16)	0.215 (1.16)	0.290 (1.07)	0.122 (1.86)	0.269 (1.01)
FE	0.158 (1.06)	1.272*** (3.64)	2.256 (0.91)	0.163 (0.67)	1.298*** (3.80)	0.677*** (6.35)	1.071** (3.01)

表5-2（续）

CTC		0.028*** (4.37)	0.005 (0.48)	0.053*** (8.99)			
TSC	0.157*** (7.58)			0.165*** (8.17)			0.057* (2.46)
STC					9.590*** (7.89)	4.451*** (6.36)	9.578*** (7.87)
Constant		6.068*** (21.80)	0.223 (0.44)	4.181*** (20.02)	5.745*** (20.45)	0.0974 (1.36)	5.703*** (20.33)
说明：表格中的“*”代表 P<0.1，“**”代表 P<0.05，“***”代表 P<0.01。							

从模型5.4至5.6可以看出：第一，自变量替代性技术融合（STC）对因变量产品创新绩效（NPP）的影响在1.000%的水平上正向显著（β=9.590, P<0.01），如模型5.4所示；第二，以技术标准化能力（TSC）作为因变量，模型5.5结果显示替代性技术融合（STC）对技术标准化能力（TSC）的影响在1.000%的水平上正向显著（β=4.451, P<0.01）；第三，在考虑中介变量技术标准化能力（TSC）作用的条件下，从模型5.6中可以看出，替代性技术融合（STC）的正向系数显著（β=9.578, P<0.01），技术标准化能力（TSC）的正向系数也显著（β=0.057, P<0.05）。依据有些学者对中介效应检验判断标准表明，技术标准化能力在替代性技术融合影响企业产品创新绩效的过程中发挥部分中介作用，研究假设3b和6b均得到了实证结果的支持。

三、动态分析框架下技术标准化能力中介效应的实证研究

根据动态分析框架下技术标准化能力对跨领域技术融合与企业产品创新绩效之间关系的中介作用，共构建了6个回归模型，回归分析结果如表5.3所示。在回归模型中，模型5.7至5.9研究了技术标准化能力对旧技术重组融合与企业产品创新绩效之间关系的中介作用，模型5.10至5.11研究了技术标准化能力对新技术渗透融合与企业产品创新绩效之间关系的中介作用。

从模型5.7至5.9可以看出：①自变量旧技术重组融合（ETC）对因变量产品创新绩效（NPP）的影响在1.000%的水平上正向显著（β=0.004, P<0.01），如模型5.7所示；②以技术标准化能力（TSC）作为因变量，模型5.8结果显示旧技术重组融合（ETC）对技术标准化能力（TSC）的影响在1.000%的水平上正向显著（β=0.003, P<0.01）；③在考虑中介变量技术标准化能力（TSC）作用的条件下，当自变量旧技术重组融合（ETC）和中介变量技术标准化能力（TSC）置于同一模型5.9时，结果显示旧技术重组融合（ETC）的正向系数不再显著（β=0.001, P<0.05），而作为中介变量的技术标准化能力（TSC）正向系数显著（β=0.053, P<0.1）。依据有些学者对中介效应检验判断标准，表明技术标准化能力在旧技术重组融合影响企业产品创新绩效的过程中发挥完全中介作用，研究假设4a和假设7a均得到了实证结果的支持。

表5-3 动态分析框架下技术标准化能力的中介作用回归结果

变量	模型5.7 NPP	模型5.8 TSC	模型5.9 NPP	模型5.10 NPP	模型5.11 TSC	模型5.12 NPP
PS	0.004*** (11.08)	0.002*** (3.28)	0.001*** (3.84)	0.002*** (4.39)	0.001* (2.26)	0.005*** (12.77)
TC	0.368 (1.16)	0.237 (0.79)	0.548 (1.48)	0.707 (1.85)	0.176 (0.58)	0.468 (1.38)
MI	0.195*** (7.37)	0.214*** (3.40)	0.254*** (7.23)	0.260*** (7.37)	0.154* (2.49)	0.198*** (7.66)
EA	0.083*** (10.44)	0.196*** (13.21)	0.224*** (18.92)	0.226*** (20.10)	0.192*** (12.82)	0.0751*** (10.90)

表 5-3（续）

NE	0.108 (0.57)	0.173 (0.19)	0.244 (0.88))	0.138 (0.49)	0.168 (0.19)	0.0208 (0.11)
FE	0.534* (2.03)	2.148 (0.96)	1.004** (2.79)	1.136*** (3.38)	2.722 (0.70)	0.125 (0.51)
ETC	0.004*** (4.37)	0.003*** (3.78)	0.001 (1.35)			
TSC			0.053* (2.22)			0.122*** (5.42)
NTC				0.002*** (5.14)	0.001*** (4.20)	0.002*** (5.94)
Constant	4.377*** (20.02)	0.504 (0.97)	6.215*** (22.64)	6.266*** (22.85)	0.155 (0.30)	4.360*** (20.65)
说明：模型中的估计结果源自固定效应负二项回归，表格中“*”代表 $P<0.1$，“**”代表 $P<0.05$，“***”代表 $P<0.01$。						

从模型 5.10 至 5.12 可以看出：第一，自变量新技术渗透融合（NTC）对因变量产品创新绩效（NPP）的影响在 1.000% 的水平上正向显著（β =0.002, $P<0.01$），如模型 5.10 所示；第二，以技术标准化能力（TSC）作为因变量，模型 5.11 结果显示新技术渗透融合（NTC）对技术标准化能力（TSC）的影响在 1.000% 的水平上正向显著（β =0.001, $P<0.01$）；第三，在考虑中介变量技术标准化能力（TSC）作用的条件下，当自变量新技术渗透融合（NTC）和中介变量技术标准化能力（TSC）置于同一模型 5.12 时，结果显示新技术渗透融合（NTC）的正向系数非常显著（β =0.002, $P<0.01$），且作为中介变量的技术标准化能力（TSC）的正向系数也非常显著（β =0.122, $P<0.01$）。依据有些学者对中介效应检验判断标准，表明技术标准化能力在新技术渗透融合变化影响企业产品创新绩效的过程中发挥部分中介作用，研究假设 4b 和假设 7b 均得到了实证结果的支持。这说明企业在通过跨领域技术融合进行产品开发时，技术标准化能力能帮助企业在技术融合与产品创新过程中对某个特定的技术难题或某项技术瓶颈提供合理的标准解决方案，一方面通过约束复杂多样的技术选择行为，将技术创新发展纳入效率轨道；另一方面，

标准的兼容性特征和编码化过程能为企业建立一个开放、坚固、组织良好的技术基础结构，为技术融合及新产品的成功研制提供所需平台。因此，技术标准化能力在企业跨领域技术融合与新产品研发过程中发挥着关键性的中介作用。

第六章　环境动荡性的调节效应

第一节　静态分析框架下环境动荡性的调节作用

一、技术动荡性对互补性与替代性技术融合的调节作用

技术动荡性是指在技术变化呈现的不确定性、复杂性和难以预测性。技术环境的复杂性和难以预测性不可避免会对企业创新造成一定困扰，同时也会在企业产品创新过程中为其带来新的挑战。这主要是由于技术发展日新月异，新技术层出叠见，不同领域研究主体开始争先恐后，为解决现实困境并攻破“卡脖子”关键技术难题各显身手。动荡的技术环境可能会导致企业当前的技术知识和产品容易迅速过时，需要企业具备很强的吸收能力并及时了解外部技术变革情况，同时也需要企业获取更多外部异质性知识，并将其与企业现有技术知识进行有机结合。企业所处的技术环境通常会影响企业技术探索策略，也会制约企业外部技术知识搜索范围，进而会对企业技术创新和产品创新产生重要影响。企业现有的技术基础会随着技术环境的快速变化而变得不那么有用，同时也会增加企业产品创新的模糊性和风险。有学者通过553个日本产品创新项目实证揭示了技术动荡性不仅影响开发过程，同时也影响市场竞争优势。分析了差异性环境下不同范围内的跨界搜索对企业技术创新的影响，他们在研究中发现企业所处的技术环境不同，其需求端与供应端的跨界搜索会各自对创新绩效产生不同程度的影响。一些学者认为企业外部环境的技术动荡性会影响企业的整体战略选择，同时企业对于创新行为和

后续商业化行为的投入也会受到技术环境快速变化的消极影响。

互补性技术融合是将原本各自独立的技术相互补充或增强，逐渐融合成一种具有新型功能技术的过程，强调技术之间的关联性和差异性。当企业通过互补性技术融合在非核心领域捕捉跨市场战略机遇时，动荡的技术环境带来的顾客需求快速变化、市场竞争强度加剧以及产品生命周期不断缩短等问题会增加产品开发不确定性，增加意料之外的失败风险。尤其对于新能源汽车等复杂产品创新领域，随着技术动荡性的增加，企业在产品方向、特征、目标市场、制造责任等方面的一系列内部协调问题也会随之增多，从而导致更为耗时的实验过程和返工开发。然而，当企业面临的技术发展环境波动比较平缓时，即技术发展趋势在可预测的范围内或技术环境没有明显的变更，此时企业有充分的时间和精力通过整合与自身技术具有较强互补性的其他领域先进技术开发更多新产品。因此，当企业面临的技术发展环境相对而言比较复杂多变时，技术的复杂性与难以预测性会破坏过去知识积累与经验所带来的潜在收益，从而弱化互补性技术融合对产品创新绩效的正向作用。

替代性技术融合是指外来技术与企业现有技术范式具有某种相似属性，与其他技术元素及其组合方式也相似，强调技术之间的关联性和相似性。替代性技术融合主要发生在具有紧密联系的技术之间，技术知识元素之间具有较强的兼容性。企业聚焦于特定技术领域进行替代性技术融合时，容易形成特定路径的技术知识积累。此时，在技术环境较为动荡的情境下，公司既有的知识结构和技术发展模式易被快速淘汰，使得企业在复杂多变的技术环境中很难明晰前进方向。同时，当企业不断调整其技术选择行为以适应快速变化的技术环境过程时，在技术开发到产品成型最后再到投放市场的过程中通常会存在时滞问题。当企业所处的技术环境高度不确定时，为降低创新风险、节约研发成本，基于替代性融合形成的路径依赖，企业很难再突破既有的思维定式跨界吸收异质性资源，进而局限于企业既定的技术搜索范围，使企业陷入核心刚性与能力陷阱，导致企业调整的时滞更长。这种时滞效应的存在使得技术动荡性会弱化替代性技术融合对企业产品创新绩效的作用，且技术动荡性程度越大，弱化效应越明显。综合以上分析，提出下列假设。

H8a：技术动荡性负向调节互补性技术融合与产品创新绩效之间的关系。

H8b：技术动荡性负向调节替代性技术融合与产品创新绩效之间的关系。

二、市场动荡性对互补性与替代性技术融合的调节作用

在开放式创新背景下，企业创新活动必然受到组织外部多种因素的影响，外部环境一方面为企业的发展创造了机会，另一方面也可能成为企业发展的绊脚石。市场动荡性是指企业所处的市场环境变化的不稳定性和难以预测性，主要体现在以下几方面：顾客需求及偏好的快速变化、市场竞争强度加剧以及产品生命周期不断缩短等。随着经济全球化和信息技术的高速发展，企业所处的市场环境，包括顾客、合作伙伴、竞争对手、供应商、经销商、政府等市场信息发生了翻天覆地的变化，且这些市场信息一直处在动态变化的过程中，此时企业难以预测外部市场环境的具体情形，需要实时做好应对措施和准备。在动态变化的市场环境中，企业现有产品很难长期满足市场需求，企业需要根据消费者需求及偏好的快速变化，适时调整产品开发战略，以获取价值资源和先发优势。尤其对于新能源汽车等战略性新兴产业，各技术模块基础知识可能来源于不同技术领域，整车生产公司需要努力吸收各领域知识和信息，才能比竞争对手更快推出满足市场需求的新产品。具有跨领域技术融合基础的企业，其涉猎的知识范围比较广泛，能更有效地在激烈的市场环境中开发差异化产品竞争优势，从而有利于提高企业产品创新绩效。

复杂多变的市场环境一直在促使企业从外界或其他领域吸取经验教训，通过将互联网信息技术融合到现有产业技术中以寻求突破式产品创新。技术融合是指原本相互独立的技术跨越其边界相互交叉渗透从而催生出新兴技术的现象，本质上是通过技术知识的渗透、交叉、重组等方

式激发技术基础结构的分解、重构和功能升级，从而催生出具有新型功能的技术或产品。在市场竞争及消费需求变化不明显的情境下，企业更倾向于满足现状，而没有压力或动力去研制新产品；当企业面临的技术发展环境波动比较大时，企业必须根据消费者偏好及时做好应对措施，通过跨领域融合捕捉更多跨市场战略机遇，不断开发具有特色的新产品或新服务。企业在动荡的市场环境下通过技术融合进行产品创新时，一方面可以遵循现有的产品路径，围绕已有核心技术在相关专业细分领域采取替代性技术融合创新。替代性技术融合更有利于开展渐进式产品创新，它能帮助企业在较短时间内赋予现有产品新的附加功能和更强的竞争力，加速产品系统性能优化并有效提升创新产品的可靠性及市场接受程度。另一方面也可以偏离现有技术轨道，寻求新的产品发展路径，通过互补性技术融合创新捕捉更多跨市场战略机遇。如纳米技术与生物技术融合而产生的全新生物纳米技术，为多种突破性新药打开了研发与市场空间。跨越更多技术领域进行技术融合，能有效拓宽企业知识基础，根据市场需求偏好更灵活地开发更多新产品。因此，不稳定和不可预测的市场环境能激发企业跨越自身领域，挖掘多样化异质性知识以应对快速变化的市场需求。同时，动荡的市场环境能为企业带来更多新信息、新思想和新思路，激发企业在跨领域技术探索和产品开发过程中寻求新的方向、试验新的方法，从而促使企业开发更多新产品以维持竞争优势。因此，综上分析，提出下列假设。

H9a：市场动荡性正向调节互补性技术融合与产品创新绩效之间的关系。

H9b：市场动荡性正向调节替代性技术融合与产品创新绩效之间的关系。

基于前文的分析，静态分析框架下环境动荡性对企业产品创新绩效影响的调节作用概念模型如图 6-1 所示。

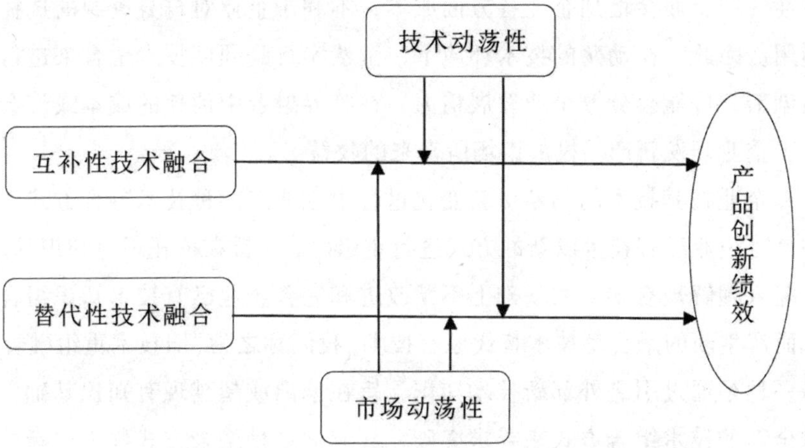

图 6-1　静态分析框架下环境动荡性调节作用的概念模型

第二节　动态分析框架下环境动荡性的调节作用

一、技术动荡性的调节作用

技术动荡性对产业技术标准的重新修订、主导设计的形成以及产品创新的方向都具有非常重要的影响。技术环境的复杂性和难以预测性不可避免地会对企业创新造成一定困扰，同时也会在企业产品创新过程中带来新的挑战，这主要是缘于企业很难在产品开发设计中精准预知和掌握技术发展方向。有学者通过日本 500 多项产品创新项目的相关数据，实证分析了技术动荡性不仅影响公司决策层对各种产品创新项目方向的把握，同时也影响企业内部技术各部门之间的合作。在动荡的技术环境下，技术的复杂性与不确定性使得企业很难辨析行业技术发展趋势，也很难精准把握哪些技术符合未来市场需求预期，而且外部陌生的新技术从引进、理解、吸收到运用需要花费一定时间和精力，跨界获取太多异质性知识反而会增加企业各方面成本，不利于企业对自身资源的选择和利用。因此，在动荡的技术环境下，贸然实行跨领域技术融合来进行产品创新，可能会分散企业发展精力，在跨界融合中消耗的成本或许会远大于企业开发新产品投放市场所带来的收益。

企业在其技术的不断更新变化过程中主要有两种技术融合方式：一种是将企业已有技术以新的方式进行重组融合，旨在依托现有知识基础，在深入理解现有知识的基础上不断改进和完善企业已有技术知识组合，从而产生新的融合型技术替代原有技术，我们称之为“旧技术重组融合”。另一种是通过引进外部新技术知识，旨在偏离或超越现有知识基础，通过全新的技术组合方式来寻求突破，我们把这种融合方式称为“新技术渗透融合”。在动荡的技术环境下，当企业通过旧技术重组融合或新技术渗透融合进行产品开发时，首先，动荡的技术环境使得企业在原本熟悉的知识领域积累的一贯经验可能很难适应快速变化的新兴技术环境；其次，当企业面临的技术发展环境波动比较大时，在原有理论基础上重组利用现存知识进行研究和技术开发时，企业需要较高的研发和沟通成本才能顺利实现产品与业务间的知识转移；最后，动荡的技术环境不利于企业准确预测技术需求并抢占市场先机。因此，当企业面临的技术发展环境波动比较大时，企业一方面很难单纯通过依托现有技术知识水平准确把握产业技术发展趋势；另一方面，在外部新技术的引进与选择上，企业也很难准确预测新的主导技术发展趋势。所以，由于技术的高度不确定性和复杂性，企业无论是依托已有知识基础通过旧技术重组融合进行产品创新，还是通过引进外部新技术、新知识进行新技术渗透融合创新，都不利于企业产品创新绩效的进一步提升。

综合上述分析，本书提出以下假设。

H10a：技术动荡性负向调节旧技术重组融合与产品创新绩效之间的关系。

H10b：技术动荡性负向调节新技术渗透融合与产品创新绩效之间的关系。

二、市场动荡性的调节作用

市场动荡性是指企业所处外部市场环境变化的复杂性和不确定性，主要包括顾客需求及其偏好的快速变化，以及市场竞争强度加剧等。在快速变化的市场环境中，企业需要根据市场需求及偏好不断调整产品策略，以有效应对竞争对手的挑战。在企业通过技术融合进行产品创新时，市场需求及消费者偏好程度的差异，将会对技术融合演变的效果产生不同程度的影响，进而影响企业产品创新绩效，了解市场特性将有助于企业根据实际市场需求选择合理的跨领域技术融合策略来实现有效的产品创新。同时，动荡的外部市场环境对企业进行产品开发所需的外部新技术获取程度以及企业内外部技术整合情况都有一定的影响。随着顾客需求及偏好的快速变化，企业必须经常与消费者、供应商和零售商等外部组织互动并通过合作来收集更多外部市场信息，只有加强与外界的交流与合作，企业才能更精准更快速地收集有力的市场信息，从而进行新产品研发和工艺改进。因此，企业所处的外部环境越动荡，就越有可能激发企业通过跨领域技术融合开发更多新产品以应对快速变化的市场需求。

高度动荡的市场环境意味着顾客需求和偏好的不稳定和难以预测性，旧技术重组融合和新技术渗透融合不仅能避免企业已有技术元素重组耗尽的风险，还能根据市场不断变化的个性化需求结合企业现有知识基础灵活调整企业创新战略。因此，动荡的市场环境能促使企业通过多种现存技术或新技术渗透融合开发丰富多样的新技术组合，有利于增强企业战略柔性，克服核心刚性，从而促使企业开发更多新产品。首先，顾客需求和偏好的快速变化促使企业不得不持续开发新技术或从外部引进新技术，这样能够进一步拓展企业知识基础并为某些技术难题提供更多可能的解决方案。其次，强烈的市场竞争环境使得企业不能只局限在现有行业，还必须跨越多个领域，通过不同技术领域实现交叉创新，帮助企业捕捉更多跨市场战略机遇并及时抢占市场先机。比如，由多种技术融合而产生的智能产品，如滴滴打车、智慧门店和智慧银行等都是基于顾客需求及偏好的快速变化和市场竞争环境的加剧而被开发出来的。

相反，当企业所处的市场环境较为稳定时，即企业面临的顾客需求及偏好没有太多变化，且企业所处的市场竞争压力也相对较小，此时，企业引入新产品的动力不足，容易使创新主体滋生创新惰性，且局限于现有产品的思维定式和创新惰性会阻碍产品升级和产品创新路径变革，从而不利于企业开发更多新产品获取竞争优势。因此，动荡的市场环境不仅能激励企业扩展现有知识技能，提升和改进现有产品及服务，而且还能促使企业通过引进外部多种新技术进行融合创新，从而避免企业陷入核心刚性和单一思维模式陷阱，激发企业在新产品探索过程中催生出更多新的想法和思路。综上分析，本书提出如下假设。

H11a：市场动荡性正向调节旧技术重组融合与产品创新绩效之间的关系。

H11b：市场动荡性正向调节新技术渗透融合与产品创新绩效之间的关系。

基于前文的分析，动态分析框架下环境动荡性对企业产品创新绩效影响的调节作用概念模型如图 6-2 所示。

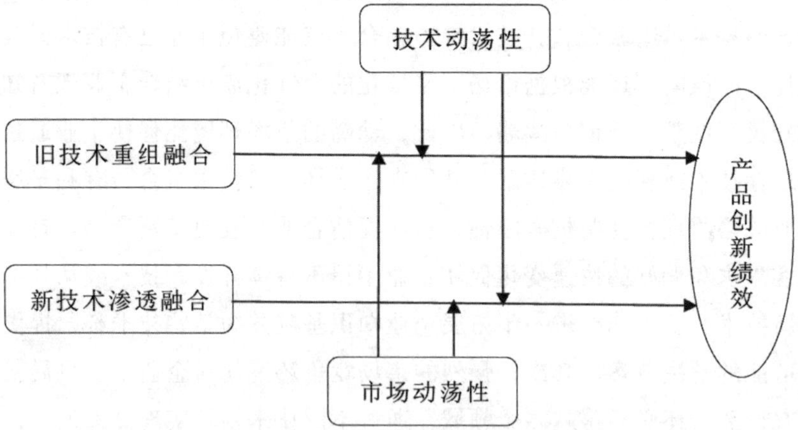

图 6-2　动态分析框架下环境动荡性调节作用的概念模型

第三节　实证研究设计

一、研究样本

当前人工智能、互联网等新兴技术正对全球汽车产业产生革命性影响，融合型创新成为企业应对环境变化、抓住发展机遇的关键。尤其对于新能源汽车等战略性新兴产业，各技术模块基础知识可能来源于不同技术领域，整车生产公司需要努力吸收各领域知识和信息。因此，本书选取的研究样本来自我国汽车产业所有新能源汽车生产企业 2005—2017 年新产品数据、专利数据与企业性质的面板数据。

新产品数据主要来源于通过中国工业和信息化部获取的第 1 至第 303 批《车辆生产企业及产品公告》的所有数据，根据“是否为新能源汽车”和“燃料种类”提取所有新能源新产品数据，清理后的数据一共包括 19643 条新能源新产品，涉及新能源车辆制造企业有 354 家。专利数据来源于湖南省专利信息公共服务平台，主要包括企业所申请的全部发明专利和实用新型专利。环境变量、企业年龄和企业性质等其他数据主要通过公司官网、国家市场监督管理总局和企业年报获取。以上所有数据获取后均经过人工逐条清洗，并反复核实以确保样本数据的真实性和准确性。

二、变量测量

（1）技术动荡性（TV）。根据学者戴海闻的研究，以行业申请专利数为被解释变量，将年份作为自变量纳入回归分析。因变量与自变量进行回归分析后得到回归系数标准差，然后通过回归系数标准差与行业平均申请专利数之间的比值得到标准化系数，将其作为技术动荡性的近似测量值。

（2）市场动荡性（MV）。借鉴有些学者的测量方法，采用行业销售额对市场动荡性进行测量。具体地，以行业销售额作为被解释变量，通过年份作为自变量纳入回归分析，因变量与自变量进行回归分析后得到回归系数标准差，然后通过回归系数标准差与行业平均销售额之间的比值得到标准化系数，将其作为市场动荡性的近似测量值。

第四节 实证结果分析

一、描述性统计

表 6-1 是包含调节变量技术动荡性和市场动荡性在内的所有变量的均值、标准差、相关系数和方差膨胀因子 VIF 系数。方差膨胀因子是用于检验变量之间是否存在共线性问题，一般以系数低于 5 或 10 作为判断标准。如表 6-1 统计结果显示，各变量之间的相关系数均不高于 0.70，且 VIF 值分布在 1.04~2.56，说明各变量之间不存在多重共线性问题，可采用固定效应回归模型对其进行回归分析。

表 6-1 调节效应变量的描述性统计及相关系数

变量	NNP	PS	TC	MI	EA	NE	FE	CTC	STC	ETC	NTC	TV	MV
NPP	1.00												
PS	0.63	1.00											
TC	0.02	0.01	1.00										
MI	0.10	0.10	0.03	1.00									
EA	0.15	0.15	0.16	0.12	1.00								
NE	0.02	0.02	0.06	0.01	0.06	1.00							
FE	0.04	0.08	0.04	0.08	0.06	0.05	1.00						
CTC	0.09	0.07	0.36	0.05	0.16	0.04	0.04	1.00					
STC	0.19	0.16	0.43	0.10	0.22	0.08	0.01	0.33	1.00				
ETC	0.22	0.29	0.05	0.03	0.10	0.05	0.01	0.04	0.12	1.00			
NTC	0.14	0.17	0.13	0.02	0.11	0.09	0.01	0.03	0.19	0.56	1.00		
TV	0.18	0.18	0.01	0.03	0.28	0.04	0.01	0.23	0.27	0.09	0.11	1.00	
MV	0.20	0.17	0.03	0.11	0.18	0.05	0.01	0.15	0.18	0.08	0.07	0.45	1.00
Std	7.64	27.16	0.1	1.60	9.78	0.23	0.14	4.82	0.02	19.45	46.55	0.04	0.01

表 6-1（续）

Mean	1.71	5.09	0.04	7.35	10.45	0.06	0.02	2.38	0.01	2.01	8.02	0.06	0.02
VIF	—	1.14	1.34	1.04	1.10	1.05	1.04	1.23	1.37	1.58	2.56	1.43	1.30

二、技术动荡性调节效应的回归结果分析

根据技术动荡性调节下跨领域技术融合对企业产品创新绩效影响的研究假设，共构建了 8 个回归模型，回归分析结果如表 6-2 所示。在回归模型中，模型 6.1 至 6.8 研究了技术动荡性调节下跨领域技术融合对企业产品创新绩效的影响，其中模型 6.1 至 6.4 展示了静态分析框架和动态分析框架下各种不同技术融合模式对产品创新绩效的直接效应，模型 6.5 至 6.8 分别在模型 6.1 至 6.4 的基础上引入了调节变量技术动荡性以及技术动荡性与各技术融合模式的交互项。

从模型 6.1 和模型 6.5 中可以看出，技术动荡性与互补性技术融合的交互项对产品创新绩效影响的系数为负向显著（$\beta=-0.765$, $P<0.01$），即技术动荡性负向调节互补性技术融合与产品创新绩效之间的关系，假设 8a 得到支持。模型 6.2 和模型 6.6 显示技术动荡性与替代性技术融合的交互项对产品创新绩效影响的系数为负向显著（$\beta=-2.703$, $P<0.05$），即技术动荡性负向调节替代性技术融合与产品创新绩效之间的关系，假设 8b 得到支持。模型 6.3 和模型 6.7 显示技术动荡性与旧技术重组融合的交互项对产品创新绩效影响的系数为负向显著（$\beta=-0.172$, $P<0.1$），即技术动荡性负向调节旧技术重组融合与产品创新绩效之间的关系，假设 10a 得到支持。模型 6.4 和模型 6.8 显示技术动荡性与新技术渗透融合变化的交互项对产品创新绩效影响的系数为负向显著（$\beta=-0.059$, $P<0.1$），即技术动荡性负向调节新技术渗透融合与产品创新绩效之间的关系，假设 10b 得到支持。在技术较为动荡的环境下，企业既有的知识结构和技术发展模式易被快速淘汰，这使得企业在复杂多变的技术环境中很难明晰前进方向。同时，从技术到产品存在一定的时

滞效应，动荡的技术环境会增加产品开发的模糊性和不确定性，加大意料之外的失败和风险。尤其对于新能源汽车等战略性新兴产业，各技术模块基础知识可能来源于不同技术领域，技术复杂性与不确定性的增加，会使企业在产品方向、特征、目标市场、制造责任等方面的一系列内部协调问题也会随之增多，从而导致更为耗时的实验过程和返工开发。因此，当企业面临的技术发展环境波动比较大时，快速变革的技术形态会毁灭企业知识基础和资源所赋予的价值潜能，从而不利于跨领域技术融合对产品创新绩效的进一步提升。

表 6-2　技术动荡性调节效应的回归结果

变量	模型 6.1	模型 6.2	模型 6.3	模型 6.4	模型 6.5	模型 6.6	模型 6.7	模型 6.8
PS	0.002***	0.002***	0.004***	0.002***	0.002***	0.002***	0.002***	0.002***
	(4.59)	(4.54)	(11.08)	(4.39)	(4.55)	(4.82)	(4.35)	(4.78)
TC	0.991*	1.460**	0.368	0.707	0.385	0.443	1.019*	0.802
	(2.54)	(3.27)	(1.16)	(1.85)	(0.83)	(0.82)	(2.52)	(1.85)
MI	0.242***	0.217***	0.195***	0.260***	0.211***	0.186***	0.216***	0.219***
	(6.82)	(6.14)	(7.37)	(7.37)	(6.18)	(5.40)	(6.35)	(6.44)
EA	0.217***	0.202***	0.083***	0.226***	0.057***	0.055***	0.056***	0.0563***
	(18.42)	(17.01)	(10.44)	(20.10)	(7.76)	(7.82)	(7.76)	(7.75)
NE	0.403	0.290	0.108	0.138	0.723**	0.639**	0.610*	0.459
	(1.46)	(1.07)	(0.57)	(0.49)	(2.90)	(2.60)	(2.42)	(1.79)
FE	1.272***	1.298***	0.534*	1.136***	1.086**	1.162***	1.103**	1.073**
	(3.64)	(3.80)	(2.03)	(3.38)	(3.17)	(3.46)	(3.23)	(3.17)
CTC	0.0280***				0.046***			0.246**
	(4.37)				(4.21)			(2.73)
STC		9.590***				1.60***		
		(7.89)				(6.97)		
ETC			0.004***				0.008**	
			(4.37)				(3.23)	
NTC				0.002***				0.003***
				(5.14)				(4.63)
TV					0.806***	0.763***	0.828***	0.816***
					(9.48)	(9.75)	(9.60)	(9.24)

表 6-2（续）

TV*CTC					0.765*** (2.69)			
TV*STC						2.703** (3.89)		
TV*ETC							0.172* (2.24)	
TV*NTC								0.059* (2.47)
常数项	6.068*** (21.80)	5.745*** (20.45)	4.377*** (20.02)	6.266*** (22.85)	4.871*** (18.50)	4.656*** (17.48)	4.914*** (18.79)	4.932*** (18.84)
说明：模型中的估计结果源自固定效应负二项回归，表格中“*”代表 $P<0.1$，“**”代表 $P<0.05$，“***”代表 $P<0.01$。								

三、市场动荡性调节效应的回归结果分析

根据市场动荡性调节下跨领域技术融合对企业产品创新绩效影响的研究假设，共构建了 8 个回归模型，回归分析结果如表 6-3 所示。在回归模型中，模型 6.9 至模型 6.16 研究了市场动荡性调节下跨领域技术融合对企业产品创新绩效的影响，其中模型 6.9 至模型 6.12 展示了静态分析框架和动态分析框架下各种不同技术融合模式对产品创新绩效的直接效应，模型 6.13 至模型 6.16 分别在模型 6.9 至模型 6.12 的基础上引入了调节变量市场动荡性以及市场动荡性与各技术融合模式的交互项。

从模型 6.9 和模型 6.13 中可以发现，市场动荡性与互补性技术融合的交互项对产品创新绩效影响的系数为正向显著（$\beta=1.211$, $P<0.05$），即市场动荡性正向调节互补性技术融合与产品创新绩效之间的关系，假设 9a 得到了检验结果的支持。模型 6.10 和模型 6.14 显示市场动荡性与替代性技术融合的交互项对产品创新绩效影响的系数为正向但不显著（$\beta=2.065$），即市场动荡性对替代性技术融合与企业产品创新绩效之间的关系没有调节作用，假设 9b 未得到实证检验的支持。可能的原因是：替代性技术融合主要是在保持原有产品核心价值的基础上促使企业在较短时间内赋予原有技术和产品新的附加功能和更强的竞争力，所开发的产

品大多也是在原有基础上进行改良的产品。也就是说，替代性技术融合更多是在原有产品基础上进行细微的改良，产品现有客户群体及市场规模并未发生较大变动，也不需要重新开发新的市场需求。因此，替代性技术融合与产品创新绩效之间的关系并不会受到市场动荡性的显著影响。

模型 6.11 和模型 6.15 显示市场动荡性与旧技术重组融合的交互项对产品创新绩效影响的系数为正向显著（β =0.453, P<0.1），即市场动荡性正向调节旧技术重组融合与企业产品创新绩效之间的关系，假设 11a 得到实证检验的支持。模型 6.12 和模型 6.16 显示市场动荡性与新技术渗透融合变化的交互项对产品创新绩效影响的系数为正向显著（β =0.221, P<0.01），即市场动荡性正向调节新技术渗透融合与产品创新绩效之间的关系，假设 11b 得到支持。动荡的市场环境使得企业不能只局限在现有行业，还必须跨越多个领域，通过不同领域技术融合实现交叉创新，帮助企业捕捉更多跨市场战略机遇并及时抢占市场先机，进而有效提高企业产品创新绩效。

表 6-3　市场动荡性调节效应的回归结果

变量	模型 6.9	模型 6.10	模型 6.11	模型 6.12	模型 6.13	模型 6.14	模型 6.15	模型 6.16
PS	0.002*** (4.59)	0.002*** (4.54)	0.004*** (11.08)	0.002*** (4.39)	0.002*** (4.31)	0.002*** (4.58)	0.004*** (9.29)	0.002*** (4.31)
TC	0.991* (2.54)	1.460** (3.27)	0.368 (1.16)	0.707 (1.85)	0.235 (0.70)	0.321 (0.81)	0.353 (1.25)	0.331 (1.00)
MI	0.242*** (6.82)	0.217*** (6.14)	0.195*** (7.37)	0.260*** (7.37)	0.0642 (1.57)	0.0598 (1.49)	0.0850** (2.96)	0.0811* (1.99)
EA	0.217*** (18.42)	0.202*** (17.01)	0.083*** (10.44)	0.226*** (20.10)	0.153*** (13.96)	0.140*** (12.58)	0.065*** (10.90)	0.157*** (14.89)
NE	0.403 (1.46)	0.290 (1.07)	0.108 (0.57)	0.138 (0.49)	0.313 (1.13)	0.297 (1.09)	0.0612 (0.31)	0.011 (0.04)

表 6-3（续）

FE	1.272***	1.298***	0.534*	1.136***	0.911**	0.903**	0.596*	0.824*
	(3.64)	(3.80)	(2.03)	(3.38)	(2.75)	(2.78)	(2.38)	(2.53)
CTC	0.0280***				0.0164			
	(4.37)				(1.73)			
STC		9.590***				10.63***		
		(7.89)				(6.41)		
ETC			0.004***				0.007***	
			(4.37)				(3.31)	
NTC				0.002***				0.002***
				(5.14)				(6.59)
MV					0.429***	0.398***	0.497***	0.502***
					(4.39)	(4.90)	(5.07)	(4.65)
MV*CTC					1.211**			
					(0.92)			
MV*STC						2.065		
						(1.97)		
MV*ETC							0.453*	
							(2.18)	
TV*NTC								0.221***
								(3.66)
常数项	6.068***	5.745***	4.377***	6.266***	4.270***	4.151***	3.569***	4.428***
	(21.80)	(20.45)	(20.02)	(22.85)	(14.24)	(14.02)	(16.29)	(14.88)
说明：模型中的估计结果源自固定效应负二项回归，表格中“*”代表 $P<0.1$，“**”代表 $P<0.05$，“***”代表 $P<0.01$。								

第七章　研究结论与未来展望

第一节　主要研究发现与结果讨论

随着新一代信息技术与传统产业的深度融合，产品创新日益向多样化、复合化、智能化方向发展。技术融合作为产业发展另一个新的决定性因素，已成为企业突破技术制约、应对市场变革、实现创新发展的关键出路。然而，由于融合现象固有的模糊性和复杂性，技术融合的测量一直是国内外学者思考的难题，定量考察其对企业产品创新绩效的影响更是鲜有研究涉及。本书通过收集我国汽车产业所有新能源汽车生产企业 2005—2017 年的新产品数据、专利数据、标准数据和企业性质的面板数据作为研究样本，实证分析跨领域技术融合对企业产品创新绩效的影响。定量检验结果如表 7-1 所示。

表 7-1　实证检验结果汇总表

研究假设	检验结果
H1a：互补性技术融合与企业产品创新绩效呈正相关。	支持
H1b：替代性技术融合与企业产品创新绩效呈正相关。	支持
H2a：旧技术重组融合与企业产品创新绩效呈正相关。	支持
H2b：新技术渗透融合与企业产品创新绩效呈正相关。	支持
H3a：互补性技术融合正向影响企业技术标准化能力。	不支持
H3b：替代性技术融合正向影响企业技术标准化能力	支持
H4a：旧技术重组融合正向影响企业的技术标准化能力。	支持
H4b：新技术渗透融合正向影响企业技术标准化能力。	支持
H5：技术标准化能力正向影响企业产品创新绩效。	支持

表 7-1（续）

H6a：技术标准化能力在互补性技术融合与企业产品创新绩效的关系中存在中介效应。	不支持
H6b：技术标准化能力在替代性技术融合与企业产品创新绩效的关系中存在中介效应。	支持
H7a：技术标准化能力在旧技术重组融合与企业产品创新绩效的关系中存在中介效应。	支持
H7b：技术标准化能力在新技术渗透融合与企业产品创新绩效的关系中存在中介效应。	支持
H8a：技术动荡性负向调节互补性技术融合与产品创新绩效之间的关系。	支持
H8b：技术动荡性负向调节替代性技术融合与产品创新绩效之间的关系。	支持
H9a：市场动荡性正向调节互补性技术融合与产品创新绩效之间的关系。	不支持
H9b：市场动荡性正向调节替代性技术融合与产品创新绩效之间的关系。	支持
H10a：技术动荡性负向调节旧技术重组融合与产品创新绩效之间的关系。	支持
H10b：技术动荡性负向调节新技术渗透融合与产品创新绩效之间的关系。	支持
H11a：市场动荡性正向调节旧技术重组融合与产品创新绩效之间的关系。	支持
H11b：市场动荡性正向调节新技术渗透融合与产品创新绩效之间的关系。	支持

一、跨领域技术融合对产品创新的影响

随着技术融合的重要性不断增强，越来越多基于技术融合形成的新技术和新产品开始陆续出现在我们的生活和生产当中，但由于融合现象固有的模糊性和复杂性，以往针对技术融合的研究及其分析仅笼统地停留在技术融合度层面，或者简单地从技术融合广度和深度出发进行了探讨。鲜有研究基于技术元素之间的关系视角，以及知识重组和外部知识不断获取的视角来明确区分不同技术融合模式，全面系统地定量论证各种不同技术融合模式对企业产品创新绩效的影响更是少有研究涉及。本书首先从技术元素之间的关系出发将技术融合分为互补性技术融合与替代性技术融合，并通过专利 IPC 号的耦合结构与替代关系分别对互补性与替代性技术融合进行测度；其次基于知识重组理论和外部知识不断获取的视角将技术融合分为旧技术重组融合与新技术渗透融合，并通过构建两阶段技术融合矩阵分别对旧技术重组融合与新技术渗透融合进行测度；最后采用负二项固定效应回归模型实证检验各种不同技术融合模式对企业产品创新绩效的影响。主要研究发现与结论如下。

（一）互补性技术融合有利于提升企业产品创新绩效

技术之间的互补和增强效应不仅在于帮助企业实现技术集成创新，还在于它可能在技术创新上实现重大突破并促进多种技术协同演化。因此，当企业通过引进与自身技术具有较强互补性的其他领域的先进技术进行互补性技术融合时，不仅能拓展企业知识宽度，避免技术锁定，还能帮助企业获取更多技术组合机会。通过吸收来自其他领域的技术，企业能够了解不同领域的最新发展和趋势，拓展自身的视野和认知范围。这种知识宽度的拓展有助于提升企业的创新能力和应对复杂环境的能力，为企业未来的发展奠定更加坚实的基础。互补性技术融合可以打破企业技术固化的局限性，通过引入其他领域的技术，使企业不依赖于单一技术，降低技术风险，避免在技术发展中被淘汰。这种多元化的技术布局可以使企业更加灵活地应对市场变化和技术进步，保持竞争优势。不同领域的技术元素可以进行创新性的组合和整合，形成独特的技术组合，为企业产品或服务的开发提供更多可能性。这种技术组合的多样性有助于创造具有差异化竞争优势的产品或解决方案，满足不同客户群体的需求。不同技术领域的交叉融合可以产生新的创新点和价值，促进技术的跨界应用和发展。企业可以借助跨界创新，探索和开拓新的商业模式和市场机会，实现更高水平的技术应用和更高的商业价值。因此，互补性技术融合是企业实现技术创新和发展的重要途径之一。通过引入其他领域的先进技术，企业不仅能够拓展自身的知识宽度，避免技术锁定，还能够获得更多的技术组合机会，推动技术的跨界创新，为企业的可持续发展和竞争优势的保持提供有力支持。

互补性技术融合有助于企业识别和利用外部新技术和新知识，帮助企业更有效地处理与伙伴组合间的关系，从而有利于推动企业整合外部异质性资源，开发更多新产品。通过与外部合作伙伴或技术提供商合作，企业可以更容易地识别和获取这些新技术和新知识。例如，与高科技创业公司或研究机构合作，企业可以获取最新的科研成果，从而驱动企业的创新和发展。互补性技术融合需要企业与外部合作伙伴进行紧密合作和积极沟通。这种合作关系需要有效的管理和协调，包括确定合作伙伴的技术能力、知识产权保护情况和合作模式等。企业与外部机构需要建立良好的合作伙伴关系，确保双方利益得到平衡和保护，共同推动技术融合和创新项目的顺利进行。互补性技术融合通过整合外部异质性资源，如技术、人才、资金等，帮助企业加速新产品的开发和推广。企业可以与不同领域的合作伙伴共同开展项目，结合各自优势，开发更具竞争力的产品或服务。这种外部资源的整合有助于降低企业的研发成本和风险，提高产品开发效率和成功率。通过利用外部新技术和资源，企业可以开发出具有创新性和竞争力的新产品，满足市场不断变化的需求。合作伙伴的介入和支持使得企业能够快速适应市场变化，推出更多样化、高质量的产品，提升市场份额和品牌影响力。因此，互补性技术融合帮助企业识别和利用外部新技术和新知识，通过有效处理与合作伙伴的关系，实现外部异质性资源的整合，从而推动企业开发更多新产品并提升竞争力。这种开放式的创新模式使企业能够快速适应市场和技术变化，实现持续创新和发展。

（二）替代性技术融合有利于提升企业产品创新绩效

相似技术元素之间的兼容对接可有效提升产品的可靠性及市场接受程度，当企业在相对熟悉的领域进行替代性技术融合时，能帮助企业在较短时间内赋予原有技术新的附加功能和更强的竞争力，加速产品系统性能优化。当企业将不同的技术元素融合在一起时，如果这些元素能够相互兼容并协同工作，将使产品更加稳定可靠，降低故障率，提升用户体验。同时，兼容性对接还能够简化产品的使用流程和维护成本，增强产品的市场竞争力。在熟悉的领域进行替代性技术融合，企业可以更快速地实现产品系统性能的优化。通过引入新的技术元素并与已有技术兼容对接，企业可以快速弥补现有技术的不足，提升产品的功能和性能。这种优化过程可以在较短时间内完成，使产品更具竞争力、更符合市场需求。在选择替代性技术时，企业应进行全面的技术评估，确保新技术能够有效地与现有技术兼容对接，并带来新的附加功能和显著的性能提升。首先，在融合过程中，企业应重视兼容性测试和优化，确保不同技术元素之间的协同运作，避免技术冲突或不兼容性导致的问题。其次，跨部门的团队协作和有效沟通是成功实施替代性技术融合的关键。不同团队之间需要密切合作，共同制定融合策略和解决方案。最后，替代性技术融合是一个持续演进的过程。企业需要持续监控产品性能和市场反馈，及时调整和优化融合策略，确保产品保持竞争力。

相似领域之间的利益相关者更容易产生一致性认同，这有利于企业降低各业务之间的沟通成本与协调成本，使各业务部门在技术探索和产品开发过程中快速达成统一，从而有利于帮助企业开发更多新产品。首先，当利益相关者对共同目标和方法达成一致意见时，企业内部各部门或团队之间的沟通成本和协调成本大大降低，这是因为他们更容易理解彼此的需求和期望，能够更有效地协作推进项目。一致性认同使得企业各部门在技术探索和产品开发过程中能够更快速地达成统一意见。相关团队或部门可以快速地就关键问题或决策达成共识，减少决策周期，推动项目进展。共同的认同和理解有助于增强团队的凝聚力和工作效率。团队成员在共享相似的领域知识和经验基础上更容易合作，充分发挥各自的专业能力，推动创新和问题解决。其次，利益相关者一致性认同使得不同部门或团队更愿意进行跨部门协作和知识共享。这种协作有助于整合各方资源和专业知识，加速新产品的开发和推广。一致性认同的利益相关者更容易共同探索和应用新的技术和解决方案。他们能够更好地理解和接受新的想法和方法，从而推动企业在相似领域开发出更多新产品，并满足不断变化的市场需求。最后，团队在一致的认同和目标下更愿意共同探索和尝试新的创新项目，不断推动企业在相似领域开发出具有差异化竞争优势的新产品和解决方案。因此，利益相关者在相似领域更容易产生一致性认同，这有助于降低沟通成本和协调成本，快速达成统一意见，推动产品创新和开发。企业可以利用这种优势，加强团队协作与知识共享，共同探索新技术和解决方案，从而提升创新能力和竞争力，开发更多具有市场接受度的新产品。

（三）旧技术重组融合正向影响企业产品创新绩效

旧技术重组融合是在企业现有知识基础上，通过捕捉新现象和新需求，围绕现存技术积极探索知识元素间未曾使用过的耦合关系并使其变得有价值、有意义的过程。也就是将企业已有技术以新的方式进行重组融合，不断改进和完善现有知识组合。企业需要对现有的技术进行审查和评估，识别其中的优势、局限性和潜在改进点。这种审查可以帮助企业确定哪些技术可以进行重组和融合，以及如何进行优化和改进。实施技术重组融合通常需要跨部门的协作和沟通。企业应建立有效的跨功能团队，吸纳不同部门具备不同专业知识和技能的人才，共同参与技术融合的过程。推动旧技术重组融合需要具备创新思维和灵活性。企业应鼓励员工提出新的想法和方法，打破传统的技术框架，寻求更有效的融合方式。实施旧技术重组融合是一个持续改进的过程。企业应建立有效的反馈机制，收集用户和内部团队的反馈意见，不断优化和调整技术融合方案。当企业集中精力，将有限的人力、财力、物力等资源聚焦于现有技术领域时，企业可在熟悉的知识储备中进一步挖掘单个技术元素的利用方式，并积累重组这类技术知识的丰富经验，从而迅速获取超越同类竞争者的利用式产品创新收益。

另外，企业围绕自身熟悉的领域及市场进行技术和产品开发时，能以更低的研发和沟通成本实现产品与业务间的知识转移，减少生产企业与消费者之间的信息不对称，进而有效避免创新风险，增大新产品成功开发的可能性。围绕熟悉的领域和市场进行技术和产品开发，使企业能够利用已有的专业知识和经验，从而降低研发成本和时间。因为企业在熟悉的领域更了解市场需求和客户偏好，能够更准确地把握产品开发方向，避免不必要的试错和调整。此外，研发团队在熟悉的领域工作时，沟通效率也会得到提高。团队成员之间更容易理解和共享信息，减少沟通误解和时间成本，使产品开发过程更加高效。企业在熟悉的领域开发产品，能够更有效地与消费者沟通，减少生产企业与消费者之间的信息不对称。通过减少信息不对称，企业能够更精准地定位产品定价、营销策略和渠道选择，降低市场推广和销售风险，提升产品的竞争力和市场份额。企业可以在熟悉的技术和市场基础上进行改进和创新，减少不确定性和市场试探，提高新产品成功开发的可能性。熟悉的领域和市场还使企业能够更快速地响应市场变化和竞争挑战。企业可以利用已有的资源和能力，灵活调整产品策略和业务模式，保持市场敏捷性和竞争优势。尽管在熟悉领域工作，企业仍然需要保持学习和创新的态度，时刻关注行业趋势和技术变化，不断优化产品和服务，保持市场竞争力。了解客户需求是成功开发产品的关键。企业应持续与客户互动，收集反馈意见，不断改进产品设计和功能，确保产品能够有效解决客户问题。在熟悉领域开发产品需要不同部门和团队之间的紧密合作。企业应营造开放的沟通氛围，以促进知识分享和团队合作，共同推动产品开发和创新。企业应重视持续学习和创新，强化客户导向，加强内部协作和团队合作，以最大化利用各自优势，保持竞争优势并实现持续发展。

（四）新技术渗透融合正向影响企业产品创新绩效

新技术渗透融合不仅能弥补现存技术重组有限的缺陷，还能在不抛弃已有技术知识的基础上通过整合外部新技术和新知识，使企业产品更好地适应新兴市场的需求。传统的技术重组往往局限于企业已有的技术和知识范围，无法完全满足市场的新需求和挑战。通过引入外部新技术，企业能够拓展技术边界，补充和完善现有技术的不足，提升产品或服务的竞争力和创新性。新技术渗透融合不会抛弃已有的技术知识基础，而是在此基础上进行整合和升级。企业可以利用已有的核心技术和经验，结合外部新技术，实现技术的跨界融合和优化。这种方式能够最大限度地利用现有资源，降低转型成本，同时保持企业的技术连续性和稳定性。新兴市场的需求通常较为多样化且变化快速，传统的技术重组往往难以及时应对。新技术渗透融合可以帮助企业更好地适应新兴市场的需求。通过引入新技术，企业能够开发出更具创新性和差异化的产品或服务，满足不断变化的市场需求，抢占市场先机。新技术渗透融合为企业带来了重要的竞争优势和创新动力，能够打破现有技术重组的局限，更好地适应新兴市场的需求。企业在实现新技术渗透融合时，应重视市场洞察和需求分析，注重技术整合和协同创新，培养适应新技术的人才和组织文化，持续学习和调整，以实现技术融合的最大化效益，并推动企业持续发展和创新。

为成功实现新技术渗透融合，企业应深入了解新兴市场的趋势和需求，找准市场定位和产品定位，确定需要引入的外部新技术和新知识。外部新技术的引入需要与现有技术进行有效的整合和协同创新。企业应建立跨部门的团队合作机制，促进技术交流和共享。新技术渗透融合需要具备跨界思维和创新意识的人才。企业应重视人才培养和组织文化建设，鼓励员工学习和进行跨领域合作。技术发展日新月异，企业需要保持持续学习和适应的能力，及时调整技术融合策略，保持竞争优势。此外，新技术渗透融合有利于企业在非核心领域获取更多不同技术交叉融合的丰富经验，帮助企业在推出由多项技术整合的产品创新方面及时抢占市场先机，从而捕捉更多跨市场战略机遇。比如，生物技术与纳米技术的深度融合产生的全新生物纳米技术，为生物芯片、分子马达、生物探针等多种突破性新产品打开了研发和市场空间。因此，新技术渗透融合不仅能扩展企业现有知识技能，提升和改进现有产品和服务，而且还能帮助企业克服单一思维模式和能力陷阱，为企业技术创新提供新思路，促进企业开展突破式产品创新。通过引入外部新技术和新知识，企业能够跳出传统框架，结合不同领域的思维和方法，促进创新思维的融合与碰撞。这种融合不仅拓展了企业的技术视野，还激发了团队的创造力，有利于开发出更具前瞻性和市场竞争力的新产品和解决方案。

二、跨领域技术融合对技术标准化的影响

技术是依据现实需求进行有目的的编程，新技术的产生是不同领域技术不断融合进化、推陈出新的结果。技术的进化一开始都是由一个个单一简单的技术不断组合形成各种新的技术模块，再演变成各式各样复杂的技术形式。技术标准化是对产品技术知识的系统编码化处理，代表了企业对某一特定产品的结构和功能在设计原理上的知识和经验的集

成。当企业向相邻技术领域或跨领域搜索相关知识、展开跨学科交融时，技术研发形成的关联性技术通过渗透、扩散，融合到其他产业中，使得现有产业的技术发展路线及其产业的经营方式与内容得到前所未有的改变和完善，从而致使不同产业之间形成相似的技术知识基础并拥有可共同研发的技术知识平台。技术标准是在知识和技能经过长期积累和深刻认知的基础上，从现有技术带来的标准问题中提炼出的标准解决方案，这些标准解决方案往往是经过反复使用和验证之后形成的一套通用模式，主要为特定的技术用途解决那些重复性的问题。可见，技术融合与技术标准有着千丝万缕的关联，两者相辅相成、融会贯通，在技术及经济发展的进程中存在既相互促进也相互制约的关系。但以往鲜有研究洞察两者之间的密切关系，深入分析不同技术融合模式对技术标准化能力的影响的研究更是空前缺乏。本书基于标准模块化分析与创新理论，从技术的本质和技术组合进化的创新机制出发，深入剖析各种不同技术融合模式对企业技术标准化能力的影响。主要研究发现与结论如下。

（一）替代性技术融合有利于增强企业技术标准化能力，但互补性技术融合对企业技术标准化能力的影响结果不显著

替代性技术融合主要是遵循已有技术路径，围绕企业核心技术在相关专业细分领域进行技术开发与探索，强调企业专注于某一特定领域，通过培养自己的核心优势来提升企业的技术主导能力。因此，替代性技术融合有利于企业将自身倡导的技术范式推广为技术标准，并促使企业在抢夺市场份额和用户规模的标准竞争过程中加大对现行标准的投入。此外，相似技术元素之间的兼容对接可有效提升利益相关者对系统知识的一致性认同，在技术配套选择和模块化产品对接等方面共识的达成能有效增强企业的技术标准化能力。替代性技术融合可以促使企业统一技术规范和流程。通过整合不同的技术，企业需要制定统一的标准和流程，以确保各个技术元素能够协同工作和互操作。这有助于提高生产效率、降低成本并确保产品质量。技术标准化能够简化企业的管理和维护工作。一旦技术融合达到标准化水平，企业可以更轻松地进行技术管理、故障

排查和维护操作等工作，提高运营效率。标准化技术能力有助于降低技术实施过程中的风险，并提升系统的稳定性和可靠性。标准化的技术架构和规范可以减少技术集成和兼容性问题，提高系统的安全性和稳定性。技术标准化使得不同部门和团队更容易进行跨部门协作和资源共享。由于大家都遵循相同的技术标准，合作过程更加顺畅，提高了团队之间的沟通和协作效率。因此，替代性技术融合不仅带来了技术创新和发展，还提升了企业的技术标准化能力，使企业能够更加有效地管理和应用技术资源，提高运营效率和市场竞争力。

互补性技术融合对企业技术标准化能力的影响并不明显，因为互补性技术融合更侧重于将不同但相互补充的技术元素整合在一起，以增强产品或服务的功能和性能，而不一定致力于统一和标准化技术规范。互补性技术融合常常涉及不同领域或类型的技术，这些技术可能具有各自独特的特点和标准。企业在融合这些技术时，更注重技术的多样性和灵活性，以满足特定的需求或创新目标，而不是强调统一的技术标准。互补性技术融合往往面向特定的市场或客户需求，需要根据具体情况制定解决方案。因此，在这种情况下，技术标准化的要求可能相对较低，企业更倾向于根据实际情况灵活应对，而非强制性地遵循统一的技术标准。互补性技术融合通常涉及技术的复杂整合和交叉应用，这本身就是一项挑战，并可能导致技术标准化的困难。企业可能更关注如何有效地整合和应用这些技术，而不是将其纳入统一的标准体系中。尽管互补性技术融合对企业技术标准化能力的影响并不明显，但企业仍然可以通过其他方式来增强技术标准化能力，比如在技术融合过程中，企业可以制定内部的技术规范和流程，以确保技术应用的一致性和可控性。企业可以建立专业的技术团队，定期进行培训和知识更新，以增强员工的技术标准化意识和能力。

（二）旧技术重组融合与新技术渗透融合均有利于增强企业技术标准化能力

旧技术重组融合是企业在对现有知识和技能进行深度理解和反复

认知的基础上，通过捕捉新现象和新需求，围绕现存技术进一步组合成各种各样的技术可能性的过程。一方面，它有利于企业熟悉本行业各技术元素的利用方式，并积累重组这类技术知识的丰富经验，从而提升对产品技术知识的编码化处理能力。另一方面，旧技术重组融合能帮助企业在自身熟悉的核心技术领域通过技术关联形成特定路径的技术知识积累，从而有助于企业倡导的技术范式成为行业主导设计，并被邀请参与修订或完善本行业技术标准。在旧技术重组融合过程中，企业可以制定统一的技术体系和流程。通过定义标准的技术规范和操作流程，可以确保不同技术元素之间的协调和一致性，减少技术应用过程中的混乱和错误。通过旧技术重组融合，企业可以提升对技术资源的有效管理能力。这包括技术资产的分类、整理和管理，使企业能够更好地掌握技术资源的利用情况和需求。旧技术重组融合需要团队成员具备良好的标准化意识和执行能力。企业可以通过培训和文化建设，促进员工对技术标准化的重视和理解，从而提升整体技术标准化能力。技术标准化能力的提升可以降低技术应用过程中的风险和成本。标准化的技术体系和流程使得技术交付更加可控和可预测，减少技术实施过程中的不确定性。因此，通过旧技术重组融合，企业能够有效地利用现有的技术资源，优化技术结构，提高技术应用的效率和质量。这种能力的提升不仅有助于企业更好地应对市场变化和竞争挑战，还能够为企业未来的创新和发展奠定坚实的技术基础。

新技术渗透融合意味着企业涉猎的技术基础范围更广阔，对异质性知识具有更好的吸收能力，在各种复杂多样的技术元素中能以更快的速度理解并重组各类知识。新技术渗透融合通常涉及引入外部新技术或知识，并将其整合到企业现有的技术体系中。在这个过程中，企业需要制定统一的技术标准和规范，以确保新技术的集成和应用符合一致的质量和安全标准。通过制定明确的技术标准，企业能够提高技术应用的规范性和可控性，降低技术应用过程中的风险。新技术渗透融合要求企业将多种技术元素进行集成，确保它们能够有效地互相配合和交互。为了实现技术的顺利融合，企业需要建立完善的技术集成方案和互操作性标准，促进不同技术之间的无缝衔接和数据交换，提升整体技术标准化能力。新技术渗透融合通常需要跨部门或跨团队的合作与协调。为了确保技术能够得到有效利用和传播，企业需要建立促进内部技术共享和协作的机制和文化。通过促进组织内部的技术交流和协作，企业能够提高技术标准化的水平，减少信息孤岛和重复开发，实现资源优化和效率提高。新技术渗透融合需要企业员工具备较高的技术素养和标准化意识。因此，当企业在更多新兴领域长时间积累和吸收更多知识和技能之后，企业将拥有从现有技术带来的标准问题中提炼出标准的解决方案的丰富经验，并能够根据经验对行业标准进行逐步改进，从而使企业具备更强的技术标准化能力。

三、技术融合通过技术标准化影响产品创新

技术在其进化过程中，一开始都是由一个个单一简单的技术不断组合形成各种新的技术模块，再演变成各式各样复杂的技术形式。同样，现代技术的发展创新也是一个不断走向模块化和整体化的过程，一项新技术往往综合了多个不同领域的学科知识，同时也可以根据实际需求应用到各个不同领域。技术标准作为实施技术连接和技术规范的工具，反映了顾客对多种产品之间整合与交替使用的兼容性需求，技术发展过程中不同技术相互协同演变需要行业技术标准化的协调与保障。同时，随着市场结构和产业竞争格局的迅速变化，企业向相邻技术领域或跨领域搜索相关知识，通过技术融合进行产品开发时，需要依据行业技术标准对各种复杂多样的技术进行合理选择，并将技术创新发展纳入效率轨道。可见，技术标准化能力集中反映了企业整合、构建以及配置资源的能力，是企业实现可持续发展的核心能力。然而，目前鲜有文章分析技术标准化能力对跨领域技术融合与企业产品创新绩效的重要影响。本书基于标准模块化分析与技术创新理论，从技术的本质和技术组合进化的创新机制出发，深入剖析了技术标准化能力在跨领域技术融合与企业产品创新

绩效之间的重要中介作用，主要研究发现与结论如下。

技术标准化是对产品技术知识进行系统的编码化处理，代表了企业对某一特定产品的结构和功能在设计原理上的知识和经验的集成。技术标准化能力较强的企业能通过产品不同模块知识技术之间的兼容性、替代性及互补性特征制定一系列技术要求和指导方案，从而成功开发更多新产品。企业在统一和规范有关工艺、生产方法、规定和规则的技术标准化过程中，一方面需要保障进入市场流通的产品和服务达到基本质量和安全要求，另一方面需要实现不同产品和服务之间的相互协同。当企业通过跨领域技术融合进行产品创新时，一方面标准的兼容性特征能使来自不同企业不同型号的产品通过统一接口实现相互融通与兼容，从而更好地满足用户的实际需求；另一方面标准的主导特性能有效引导企业的技术选择行为，有助于合理规范行业的技术发展方向，将技术开发与用户需求聚焦于特定的效率轨道上，从而有助于整个产业朝着科学的方向快速发展。

此外，技术标准也是技术组合进化的过程与结果，是企业协同创新与自主创新的统一。跨领域技术融合通过产生新颖的知识组合为企业进入新的创新轨道提供切入点，技术标准化能力帮助企业在技术融合与产品创新过程中对某个特定的技术难题或某项技术瓶颈提供合理的标准解决方案。当企业对产品或服务进行统一规范时，丰富的技术标准制定经验及较大的影响力能帮助企业获取更多技术许可优势，使企业在行业中具备强有力的竞争优势。因此，随着知识和经济全球化程度进一步加深，技术标准化能力在企业跨领域技术融合与新产品研发过程中发挥着关键性的中介作用和桥梁作用。一方面，通过约束复杂多样的技术选择行为，将技术创新发展纳入效率轨道；另一方面，标准的兼容性特征和编码化过程能为企业建立一个开放、坚固、组织良好的技术基础结构，为技术融合及新产品的成功研制提供所需平台。这种技术基础不仅能够降低技术融合的难度和风险，还为新产品的研制和开发提供了可靠的平台。具体而言，标准的兼容性特征确保各种技术在数据格式、通信协议和接口定义等方面具有统一的规范，使不同系统和设备能够互相通信和协作。同时，编码化过程将技术知识和经验转化为可执行的规范和流程，促进技术的标准化和复用，提高企业的技术效率和灵活性。因此，技术融合可以通过技术标准化能力促进企业产品创新。

四、环境动荡性影响技术融合与产品创新的关系

在开放式创新背景下，企业创新活动必然受到组织外部多种因素的影响。企业镶嵌在一个环境背景中，需要不断地从环境中获取资源并将其转换成产出分配到环境中去，组织与外部环境持续地发生着交互作用，以技术演变为前提的外部环境会影响企业创新搜索的进程和特征。但以往很少有研究从外部技术环境和市场环境不断变化的视角考察其对跨领域技术融合与企业产品创新绩效之间关系的影响，本书分别从技术动荡性和市场动荡性两个环境变量分析它们各自对跨领域技术融合与企业产品创新绩效关系的调节效应。主要研究发现和结论如下。

（一）技术动荡性负向调节跨领域技术融合与企业产品创新绩效之间的关系

技术动荡性是指技术变化呈现的不确定性、复杂性和难以预测性。技术环境的复杂性和难以预测性不可避免地会对企业创新造成一定困扰，同时也会在企业产品创新过程中为其带来新的挑战。当企业面临的技术环境波动较大时，企业既有的知识结构和技术发展模式易被快速淘汰，使得企业在复杂多变的技术环境中很难明晰前进方向。同时，在企业不断调整其技术选择行为以适应快速变化的技术环境的过程中，从技术开发到产品成型最后再到投放市场的过程通常会存在时滞问题，动荡的技术环境会增加产品开发不确定性，加大意料之外的失败风险。尤其对于新能源汽车等战略性新兴产业，各技术模块基础知识可能来源于不同技术领域，技术复杂性与不确定性的增加，会使企业在产品方向、特征、目标市场、制造责任等方面的一系列内部协调问题也会随之增大，从而导致更为耗时的实验过程和返工开发。因此，当企业所处的技术环境高度不确定时，

快速变革的技术形态会毁灭企业知识基础和资源所赋予的价值潜能，从而不利于跨领域技术融合对产品创新绩效的进一步提升。

（二）市场动荡性正向调节跨领域技术融合与企业产品创新绩效之间的关系

市场动荡性是指企业所处的市场环境变化的不稳定性和难以预测性，主要体现为顾客需求及偏好的快速变化，竞争强度加剧以及产品从设计、研制、开发到最后上市的整个过程缩短等。在产业转型升级与不断融合的进程中，快速变化的市场环境使得企业越发重视通过技术融合实现产品创新。首先，顾客需求和偏好的快速变化促使企业不得不持续开发新技术或从外部引进新技术，这样能够进一步拓展企业知识基础并为某些技术难题提供更多可能的解决方案。其次，竞争激烈的市场环境使得企业不能只局限在现有行业，还必须跨越多个领域，通过不同技术领域实现交叉创新，帮助企业捕捉更多跨市场战略机遇并及时抢占市场先机。最后，产品生命周期的缩短促使企业必须加强与消费者、供应商和零售商等外部组织的互动与交流，通过合作创新帮助企业在较短时间内赋予现有产品新的附加功能和更强的竞争力，加速产品系统性能优化。因此，动荡的市场环境不仅能帮助企业扩展现有知识技能，改进现有产品及服务，而且还能促使企业通过引进外部多种新技术和新知识进行融合创新，从而为企业产品创新提供更多新设计、新思路和新方法。

然而，值得注意的是，在市场动荡性调节跨领域技术融合与企业产品创新绩效之间的关系的过程中，替代性技术融合与企业产品创新绩效之间的关系并未受到市场动荡性的显著影响。可能的原因是：替代性技术融合主要是在保持原有产品核心价值的基础上促使企业在较短时间内赋予原有技术和产品新的附加功能和更强的竞争力，所开发的产品大多也是在原有基础上进行改良的产品。也就是说，替代性技术融合更多是在原有产品结构、外观或功能用途等细微处进行改良，产品现有客户群体及市场规模并未发生较大变动，也不需要开发新的市场。因此，替代性技术融合与产品创新绩效之间的关系并不会受到市场动荡性的显著影响。

第二节　实践启示与创新策略分析

一、企业管理启示

（一）重视探索技术之间的关系及其利用方式以提升企业自主创新能力

技术元素之间的关系比技术本身更重要，对技术元素间关系的认知反映了企业利用技术元素开展技术创新的特定方式。弗雷德里克·哈克林认为技术融合是一种基于技术组合结构重新调整和构建的新型技术创新方式。企业向相邻技术领域或跨不同技术领域搜索相关知识、展开跨学科交融时，技术研发形成的关联性技术通过渗透、扩散，融合到其他产业中，使得现有产业的技术发展路线及其产业的经营方式与内容得到前所未有的改变和完善，从而致使不同产业之间形成相似的技术知识基础并拥有可共同研发的技术知识平台。这种不同产业技术一体化现象揭示了技术融合过程中不同技术元素组合关系的重要性。根据本书的研究结论，企业管理者在研制新产品过程中，除了仅仅关注技术本身之外，更应该注重探究技术元素之间的关系，技术元素间的关系可以更好地诠释企业利用技术的特定方式以及企业与企业之间创新绩效的差异。换言之，即使具备同样规模和相同类型技术元素的企业，通过技术元素间不同的融合方式也会形成千差万别的技术结构特征，进而对企业产品创新产生不同的影响。因此，企业可以通过合理布局技术元素之间的关系来更好地开展组织学习和产品创新活动。

通过深入探索技术之间的关系，企业可以发现不同技术领域之间的潜在融合机会。这些技术融合可能会产生新的创新点和解决方案，帮助企业开发出具有竞争优势的新产品或服务。技术之间的关系探索有助于促进跨领域的创新。将不同领域的技术知识和方法相结合，可以引发新的创意和思维模式，推动企业走出传统的创新路径，实现突破性的创新。

了解技术之间的关系可以帮助企业更有效地配置和利用技术资源。通过优化技术资源的组合和利用方式，企业可以提高研发效率和成本效益，加速创新周期。技术关系探索可以拓展技术的应用领域。企业可以将原本在某个领域成功应用的技术，引入到其他领域并加以改进，创造出更多的商业机会和更广阔的市场空间。最重要的是，技术之间关系的探索有助于提升企业的自主创新能力。了解技术的本质和特点，以及它们之间的相互作用，可以激发企业内部的创新意识和动力，推动自主研发和创新的实施。因此，企业应该重视技术之间关系的探索和利用方式，通过建立跨领域的技术交流平台、培养跨学科的团队合作精神、加强技术研发的整合与协作等方式，不断挖掘和发掘技术的潜力，从而提升企业的创新能力和竞争力，适应快速变化的市场和技术环境。

（二）基于产品创新战略选择适配的技术融合模式

企业在进行跨领域技术融合时，一方面可以基于现有知识基础，通过替代性技术融合或旧技术重组融合，不断深入理解和挖掘现有知识技术，对已知技术组合进行不断提升和改进以实现渐进式产品创新。这种方法利用现有的技术基础，逐步改进和优化，以推动产品或服务的持续改进和创新。首先，企业需要对现有的技术进行系统性的分析和理解。这包括技术的原理、特点、优势和局限性等方面。通过深入研究和分析，企业可以全面把握技术的核心知识，为后续的改进和组合奠定基础。在理解现有技术的基础上，企业需要识别技术组合的潜在改进空间。这可能涉及提高技术性能、优化用户体验、降低成本、增加功能等方面。通过对技术组合进行细致的分析和评估，确定需要改进的重点和方向。其次，基于识别的改进空间，企业应设定清晰的改进目标和策略。这些目标可以是具体的技术性能指标，也可以是产品或服务的用户体验和市场竞争力。企业应制定合适的策略和方法，以实现这些改进目标。实施渐进式产品创新需要采用持续的改进方法。企业可以通过逐步优化、迭代更新或增量式改进的方式，不断提升和改进已有的技术组合。这种方法可以降低风险，同时确保产品或服务的稳健性和可靠性。最后，实现技术组合的持续改进需要加强技术整合和协作。跨部门或跨团队的合作可以促进不同技术领域的知识共享和交流，加速技术的集成和优化。企业应建立持续的监测和反馈机制。企业通过定期评估和反馈，了解改进措施的效果和影响，及时调整和优化策略，确保渐进式产品创新的持续推进和成功实施。通过以上步骤和策略，企业可以充分利用现有的技术资源和知识基础，同时保持灵活性和可持续性，这有助于企业在竞争激烈的市场环境中保持领先地位并满足客户不断变化的需求。

另外企业还可以引进外部新技术知识，通过互补性技术融合或新技术渗透融合寻求创新突破。首先，企业需要识别和了解与自身业务或领域相关的外部新技术和新知识。这可能涉及新兴技术、前沿科学、行业趋势等方面的内容。企业通过积极的技术监测和市场研究，确定具有潜在创新价值的新技术和知识资源，并将外部新技术和新知识引入企业内部，开展技术融合和整合工作。这可能涉及技术测试、验证和调整，以确保新技术与现有技术体系兼容并且能够产生预期的效果。实现突破性产品创新需要跨部门的协作和知识共享。建立跨功能团队，促进不同部门之间的沟通和合作，共同探索新技术的应用和潜力。实施新技术融合后，企业需要持续评估和优化产品或服务。收集用户反馈和市场数据，不断改进和调整，确保产品创新能够持续满足市场需求并取得商业成功。通过以上步骤和方法，企业可以通过引进外部新技术和新知识，结合互补性技术融合或新技术渗透融合的方式，实现突破性的产品创新。这种创新策略有助于企业抢占市场先机，提升竞争力，并持续推动业务的发展和成长。因此，企业可以根据产品开发战略，合理配置企业技术创新资源，通过不同的技术融合模式开发不同类型新产品。

（三）根据外部市场和技术环境灵活调整企业创新路径

在开放式创新背景下，组织与外部环境持续地发生着交互作用，以技术推动与市场需求拉动为前提的外部环境既能给企业创造新的机会，也能成为企业发展的绊脚石。根据本书研究结论，市场动荡性有利于激发企业通过技术融合实现产品创新，而技术动荡性则会给企业技术融合与产品创新进程造成一定程度的阻碍作用。尤其对于处在数字经济时代的新能源汽车等战略性新兴产业，各技术模块基础知识可能来源于不同技术领域，技术的复杂性和难以预测性会使企业既有的知识结构和技术发展模式易被快速淘汰，从而导致更为耗时的实验过程和返工开发。因此，企业在加大研发投入进行跨领域技术探索与产品创新过程中，要时刻关注顾客需求及偏好等市场环境的快速变化，积极主动与消费者、供应商和零售商等外部组织进行交流与合作，并有意识地从政府机关、高校和研究院所等各个领域获取知识信息；此外，企业还需要构建风险预警机制，对技术的快速变革树立危机意识，时刻保持高度警觉性。一方面，企业应确保在市场竞争加剧和消费者需求快速变化的情况下能及时采取应对措施，避免信息不对称造成意料之外的失败风险；另一方面，企业应尽量在技术研发过程中精准把握技术发展趋势，确保产品开发战略符合自身实际能力并能有效满足市场实际需求。

企业应该定期监测外部市场和技术环境的变化趋势，这包括消费者需求变化、竞争对手动向、新技术发展等方面。通过及时获取和分析市场信息，企业可以更好地了解行业动态，及时调整创新策略和路径。外部市场的需求可能会随时变化，企业应该灵活应对，根据市场反馈和用户需求，调整产品或服务的功能、性能、定价等，确保企业的创新活动能够与市场需求保持一致。外部环境变化常常带来新的创新机会。企业应该通过开展市场调研、与合作伙伴交流、参与行业活动等方式，不断发现和探索新的创新机会，及时调整创新重点和方向，以抓住新的商业机会。外部合作伙伴可以为企业提供新的技术、资源和市场机会。企业应与外部机构建立良好的合作关系，与行业内的技术提供商、研究机构、创业公司等合作，共同开展创新项目，共享风险和成果。根据市场和技术环境的变化，企业应该灵活调整研发和创新投入。可能需要增加对新技术的研究和开发投入，或者调整创新项目的优先级和资源分配，以提高创新的成功率和效率。在企业内部倡导创新文化和敏捷思维非常重要。企业应鼓励员工敢于尝试、勇于创新，建立快速响应和适应外部变化的机制和流程，以提高企业的灵活性和创新能力。综上所述，企业应根据外部市场和技术环境的变化，灵活调整创新路径和策略，以适应变化的需求和挑战。持续关注行业发展趋势、寻找新的创新机会、加强与外部合作伙伴的合作、灵活调整资源投入和倡导创新文化，这些策略都将有助于企业保持竞争优势并实现持续创新和发展。

（四）战略性地构建以技术标准化能力为桥梁的创新路径

企业在合理配置技术资源布局技术发展路线过程中，还需注重培养技术标准化能力，充分发挥技术标准化能力在技术探索和产品创新过程中的引导作用和桥梁作用。技术标准化是对产品技术知识进行系统的编码化处理，通过产品不同模块知识技术之间的兼容性、替代性及互补性特征制定一系列技术要求和指导方案。当企业通过跨领域技术融合进行产品创新时，标准的兼容性特征一方面能使来自不同企业不同型号的产品通过统一接口实现不同产品之间的相互融通与兼容，从而更好地满足用户的实际需求；另一方面能使企业在行业中拥有更多主导行业技术发展的权利，并保障进入市场流通的产品和服务达到基本质量和安全要求。因此，企业可以通过不同领域之间的技术融合及不同技术之间的兼容契合特征帮助企业建立比竞争对手更强的技术标准竞争优势，充分发挥技术标准化能力在跨领域技术融合与新产品研发过程中的引导作用和桥梁作用，一方面通过约束复杂多样的技术选择行为，将技术创新发展纳入效率轨道；另一方面通过标准的兼容性特征和编码化过程能为企业构建一个开放、坚固、组织良好的技术基础结构，为技术融合及新产品的成功研制提供所需平台。

首先，企业需要认识到技术标准化对创新的重要性。技术标准化能力可以提高技术整合和应用的效率，降低开发成本和风险，促进不同部门和团队之间的协作和沟通，从而推动创新活动的快速发展。基于企业的业务和发展需求，制定技术标准化战略。这需要确定关键的技术领域和标准制定的重点，建立统一的技术规范和流程，确保技术在不同项目和部门之间具有一致性和可重复性。其次，企业可以成立专门的技术标准化团队或委员会，负责制定和更新技术标准。团队成员应该包括技术专家、项目经理、市场营销人员等，确保技术标准的全面性和实用性。企业应培养内部技术共享和协作的文化氛围，鼓励不同团队和部门之间的知识交流和合作，通过内部的技术分享会议、培训活动、跨部门项目等方式，促进技术标准的传播和应用。最后，企业可以通过参与行业标准制定和加入国际标准化组织，积极推动企业技术标准在行业内的认可和应用。企业还可以与其他企业和组织建立合作关系，共同制定和推广行业标准，扩大企业的影响力和话语权。随着技术和市场的变化，企业应持续优化和更新技术标准。企业应定期评估现有标准的有效性和适应性，根据反馈和新的需求进行调整和改进，确保技术标准始终与企业的创新目标和战略保持一致。通过以上步骤和方法，企业可以构建以技术标准化能力为桥梁的创新路径，促进技术整合和应用的高效性和稳定性，从而推动企业在竞争激烈的市场中取得持续的创新优势和商业成功。

二、政策建议启示

（一）鼓励学科交叉融合，引导高校或科研院所建立专门的交叉学科体系

21 世纪以来，信息、生物、新能源、新材料等学科技术多方面突破与交叉融合为新一届产业革命建立了基础，交叉学科及技术在各个领域的渗透性不断增强，众多颠覆性技术创新不断涌现。技术融合成为产业融合的重要标志，也是第四次工业革命的核心动力，但技术融合不仅仅是技术层面的简单组合，学科交叉融合是其得以成功实现的关键前提和重要保障。近代科学发展衍生出的新知识、新概念和新技术，通常来源于多种基础学科的交叉融合。比如，生物纳米技术综合了生物学及纳米技术，在其开发和应用过程中还将量子力学、化学、信息学、机械学和医学等融入了生物学当中，而纳米技术则是物理学、电子学与计量学等的前沿交叉学科。可见，学科融合是在承认学科差异的基础上不断打破学科边界，促进学科间相互渗透、交叉地活动。学科融合既是学科发展

的趋势，也是技术融合与产业变革的重要前提。因此，我们要重视学科交叉融合，鼓励和引导高校或科研院所建立专门的交叉学科体系，结合社会乃至国家的现实需要与期盼，让科学朝着更有利于改善社会并提高人民生活水平的方向发展。同时，也要加强跨学科技术合作的研发补贴和融资支持，制定多学科人才引进激励制度以及跨领域人才流动管理机制等。

政府可以采取以下措施鼓励学科交叉融合，引导高校或科研院所建立专门的交叉学科体系，促进创新和跨领域研究，应对复杂性和挑战性的科学问题。首先，政府可以资助高校或科研院所设立跨学科研究中心或学院，鼓励不同学科间的交叉融合。这些中心或学院可以提供交叉学科的教育和研究平台，吸引跨学科的研究团队和人才参与。政府也可以制定激励政策，鼓励学者跨学科合作和跨界研究。例如，政府可通过设立交叉学科研究项目的专项资金、提供跨学科研究成果评价的机制等，激励学术界开展跨学科研究。另外，政府可以鼓励高校开设跨学科的教育课程和专业，培养具备跨学科思维和能力的人才。同时，高校还可以鼓励学生参与跨学科研究项目，培养跨领域的创新意识和能力。其次，政府可以促进不同学科间的科研合作，组织跨学科的研讨会、研究项目联合申报等活动，激发学者间的合作动力，推动学科交叉融合；支持建立跨学科研究平台和网络，促进学科间的交流与合作；通过建立跨学科研究数据库、组织学术会议等方式，提升学科交叉研究的可见度和影响力。最后，政府可以推动行业与学术界的合作，促进产学研结合和跨领域创新。政府可鼓励企业与高校或科研院所开展联合研究项目，共同解决行业面临的挑战和问题。此外，政府应加强对跨学科研究成果的知识产权保护，为学者和机构提供合理的激励和保障，鼓励他们积极参与跨学科研究。政府可以推动国际学术交流与合作，引进国际先进的跨学科研究经验和成果，促进我国跨学科研究体系的国际化和国际竞争力的提升。通过以上措施的综合实施，政府可以有效推动学科交叉融合，促进跨领域的创新和科研成果，推动学术界和产业界的协同发展，为国家科技进步和经济发展提供强有力的支持。

（二）鼓励产学研合作，通过跨界融合联合开展关键共性技术攻关

产学研合作是建立在跨组织关系基础上的一种较为成熟的创新模式，相对传统组织结构，这种跨组织关系所具有的独特性和混合性更有利于推动关键共性技术的探索。企业与高校及科研院所的合作，一方面可以从基础研究出发进行技术融合创新，将科研成果开发实现商品化；另一方面可以促使企业根据市场实际需求联合高校及科研机构探索新的研究领域进行关键共性技术的开发。通过产学研合作，企业、高校和科研院所等可以在产品开发的基础研发阶段、应用研究阶段及产业化阶段充分发挥各自的优势和实力，有效规避和减少复杂产品开发过程中可能遇到的风险，实现创新产品不同阶段的有效衔接和顺利产业化。因此，只有积极推进产学研等不同领域研究主体通过跨学科交融与跨领域合作，才得以实现关键共性技术的突破，才能使我国在新一轮产业革命浪潮中抢占市场先机。政府应依托龙头企业，结合高校和科研院所等建立一个跨越多领域知识的开放性综合技术服务共享平台，并基于社会实际需求与现实难题，支持鼓励多方主体一起协作研发，以攻破那些“卡脖子”的技术难题。

政府可以采取以下措施鼓励产学研合作，通过跨界融合联合开展关键共性技术研究，有效促进技术创新和产业发展。首先，政府可以设立资助项目和基金，支持产业界、学术界和科研机构共同开展关键共性技术研究。这些资助可以用于项目开发、设备购置、人才引进等方面，促进合作项目的顺利实施。政府也可以制定政策和提供优惠措施，鼓励企业和高等院校、科研院所建立合作关系。例如，政府可通过税收优惠、减免科研经费使用限制等措施，降低合作成本，激发合作意愿。

其次，政府可以建立产学研合作平台，提供信息共享、项目对接、技术转移等服务。这样的平台可以促进合作伙伴的互动和合作项目的顺利进行。政府也可以推动产学研合作的技术转移和成果转化，通过设立技术转移机构、推广技术转让服务等方式，帮助将研究成果转化为实际

生产力，促进产学研合作的深度和广度。

再者，政府还可以加强产学研合作中的人才培养和交流。政府可通过建立联合实验室、博士后工作站等机制，促进人才流动和共享，增强合作伙伴间的技术交流和合作意愿。另外，政府还可以鼓励产学研合作在跨界融合创新方面进行尝试和探索。例如，推动不同行业之间的技术交叉应用，促进新材料、智能制造、生物医药等领域的融合创新。

最后，政府应建立长效的产学研合作机制和绩效评估体系，确保合作项目的持续性和成效。政府可通过制定合作协议、评估合作成果，促进产学研合作的规范化和制度化发展，并推动国际产学研合作和交流，吸引国际优秀科研团队和企业参与国内关键共性技术研究，促进全球科技创新共享和合作。通过以上策略和措施的实施，政府可以有效促进产学研合作，推动跨界融合联合开展关键共性技术研究，促进科技创新、提升产业竞争力，推动经济高质量发展。

（三）支持具备跨界交叉融合经验的企业参与行业标准制定

我国新材料、新能源和高端装备制造业等战略性新兴产业的兴起一开始都是基于不同领域技术交叉融合创新，具备跨界交叉融合背景的企业在保证不同品牌与型号之间的兼容性方面具有更丰富的经验，能保障进入市场流通的产品和服务达到基本质量和安全要求建立统一的技术接口。其中，聚焦于特定领域，擅长在现有知识基础上，通过捕捉新现象和新需求围绕现存技术对已知技术组合进行不断提升和改进的企业通常在某一行业具备较强的核心竞争力，可以选择对行业技术标准内容进行具体布局和设计。而擅长通过引进外部新技术和新知识进行互补性技术融合或新技术渗透融合的企业通常具备良好的外部协作关系与知识网络关系，一方面可以帮助解决不同领域技术产品和接口不兼容的问题，另一方面可以负责协调各研究主体之间的利益关系。企业聚焦于特定领域和市场进行产品研发时，能帮助企业在自身熟悉的核心领域通过技术关联形成特定路径的技术知识积累，从而有助于增强企业在某一特定领域的话语权和决策权，将自己倡导的技术范式推广为主导设计，并被邀请参与修订或完善本行业技术标准。互补性技术融合与新技术渗透融合意味着企业涉猎的技术基础范围更广阔，对异质性知识具有更好的吸收能力，有助于企业在各种复杂多样的技术元素中以更快的速度理解并重组各类知识，从而降低企业各方面成本。因此，具备跨领域交叉融合背景的企业能在更大程度上确保不同行业、不同品牌、不同产品之间的兼容性，在行业标准设计和制定中能更好地把握技术标准的科学性与合理性，进而有力推动行业发展与创新。

政府可以采取以下措施支持具备跨界交叉融合经验的企业参与行业标准制定。第一，设立专门机构或委员会。政府可以成立专门的标准制定机构或委员会，邀请具备跨界交叉融合经验的企业代表参与。这些机构或委员会可以聚焦于特定行业或技术领域，汇集各方专业知识，共同制定行业标准。第二，制定开放、包容的参与政策。政府应确保制定行业标准的过程是开放和包容的，鼓励跨界企业、科研机构、行业协会和其他利益相关者积极参与。政府可以公开征集意见和建议，拓展参与主体的范围。第三，设立专项资金支持。政府可以设立专项资金，用于支持企业参与标准制定工作。这些资金可以用于研究、数据收集、专家咨询等，帮助企业提供更专业和更全面的意见和建议。第四，建立交流平台和会议。政府可以组织行业交流会议、研讨会和工作坊，为企业提供交流和分享经验的机会。通过这些平台，企业可以互相学习和借鉴最佳实践，共同推动行业标准的制定和提升。第五，加强企业技术创新支持。政府可以加大对具备跨界交叉融合经验的企业的技术创新支持力度，鼓励其在标准制定领域进行前瞻性研究和探索。这些企业在技术创新方面的成就和经验，将有助于推动行业标准的不断更新和升级。第六，注重国际经验和比较研究。政府可以引入国际经验和比较研究，借鉴其他国家和地区在跨界交叉融合领域的成功经验和做法，促进我国标准制定工作的国际化和专业化。通过以上策略和措施，政府可以有效地支持具备跨界交叉融合经验的企业参与行业标准制定，促进标准的科学性、前瞻性和实用性，推动行业技术水平的提升和产业转型升级。

（四）加强企业知识产权保护，构建合理的知识产权制度

在大部分创新研究中，通常把企业申请的专利作为企业技术知识的代表，本书通过专利数据构建企业技术融合的相关指标，研究结论显示四种不同的技术融合模式都有利于提升企业产品创新绩效，且技术标准化能力在跨领域技术融合与企业产品创新绩效之间存在重要的中介作用。这表明高新技术企业的迅猛发展使得标准与专利融会贯通、相辅相成，技术标准作为实施技术连接和技术规范的工具，反映了顾客对多种产品之间整合与交替使用的兼容性需求，技术发展过程中不同技术相互协同演变需要行业技术标准化的协调与保障。可见知识产权作为一种重要的无形资产，在创新活动和标准化进程中起着越来越关键的作用。然而，在通过对中国汽车技术研究中心和多家整车生产企业进行深度访谈得知，企业通常情况下都不愿意公开自己的知识成果，为了避免技术外溢风险，通常不太愿意加入标准联盟网络，而且我国目前很多标准主要采用国际标准。虽然近年来我国专利总量呈现出急剧增长趋势，但在很多高技术产业的关键环节技术布局不足，如我国汽车产业在发动机、关键零部件等领域缺乏核心专利；一些企业对核心技术采取保密方式，不对外申请专利，从而无法有效地将行业优势专利技术转化为优势标准，提升国家高新技术产业整体竞争力。因此，为了提高我国企业在国际标准制定中的话语权，避免我国企业在国际竞争中被定格于产业链低端，我国特别需要加强企业知识产权保护，构建合理的知识产权制度，为我国经济持续健康发展营造一个更加有利的法律政策环境。

构建合理的知识产权制度，对于促进创新、鼓励投资和推动经济发展至关重要，政府可以采取以下措施加强企业知识产权保护。第一，完善法律法规。政府应当制定和完善相关的法律法规，确立清晰、公正、有效的知识产权保护制度。这包括专利法、商标法、著作权法等，以确保企业的创新成果得到充分的保护和激励。第二，加大执法力度。政府应当加强知识产权执法力度，打击侵权行为，维护企业的合法权益。这包括加大对知识产权侵权行为的打击力度，提高违法成本，加强知识产

权纠纷的调解和解决机制。第三，建设知识产权服务平台。政府可以建设知识产权服务平台，提供知识产权咨询、登记、评估、保护等服务，帮助企业更好地管理和保护自己的知识产权。第四，加强知识产权教育和宣传。政府可以开展广泛的知识产权宣传和教育活动，提高企业和公众对知识产权的认知和重视程度，增强知识产权保护意识。第五，鼓励企业自主创新。政府可以通过提供奖励、补贴等方式，鼓励企业进行自主创新，增强企业的核心竞争力和知识产权布局。第六，加强国际合作和交流。政府应积极参与国际知识产权合作和交流，借鉴国际先进经验，推动国际知识产权保护标准的提升，提高我国企业在国际市场上的竞争力和话语权。第七，支持知识产权保护技术创新。政府可以支持开发和推广知识产权保护技术，如数字水印、区块链等技术手段，提高知识产权的安全性和防护能力。第八，建立激励机制。政府可以建立知识产权激励机制，如给予企业知识产权保护的税收优惠、专利申请费用减免等激励措施，鼓励企业加大对创新的投入和保护。通过上述策略和措施，政府可以构建起合理有效的知识产权制度，为企业提供更好的创新环境和发展空间，推动科技进步和经济持续增长。

三、创新策略分析

随着技术融合的重要性不断增强，越来越多基于技术融合形成的新技术和新产品开始陆续出现在我们的生活和生产当中，然而由于融合现象固有的模糊性和复杂性，以往大部分学者关于技术融合的研究主要以定性描述为主，针对技术融合的测度也只是笼统地停留在技术融合度层面，或者简单地从技术融合广度和深度出发进行探讨。本书结合动态能力理论、技术创新理论和标准模块化分析等，通过我国汽车产业所有新能源汽车生产企业的样本数据对跨领域技术融合与企业产品创新绩效的关系展开实证研究。首先，本书从技术的本质和技术组合进化的内在机制出发，分析跨领域技术融合的形成与演化及其内在特征；其次，本书基于技术元素之间的关系视角，以及知识重组和外部知识不断获取的视角明确分析不同技术融合模式对企业产品创新绩效的影响，同时还考察了技术标准化能力在跨领域技术融合与企业产品创新绩效之间的中介效应，以及外部市场动荡性和技术动荡性在跨领域技术融合与企业产品创新绩效之间的调节效应；最后，本书通过收集我国汽车产业所有新能源汽车生产企业2005—2017年的专利、标准、新产品和企业性质的面板数据，实证分析了跨领域技术融合对企业产品创新绩效的直接影响，技术标准化能力的中介作用，以及环境动荡性的调节作用。主要研究结论及创新策略分析如下。

（一）不同技术融合模式下企业创新策略分析

本书通过实证检验分析表明四种不同技术融合模式都有利于提升企业产品创新绩效。技术之间的互补和增强效应不仅在于帮助企业实现技术集成创新，还在于它可能在技术创新上实现重大突破并促进多种技术协同演化。互补性技术融合能拓展企业知识宽度，避免技术锁定，有利于企业获取更多技术组合机会，并帮助企业开发更多新产品。替代性技术融合能有效增强利益相关者对系统知识的一致性认同，有利于降低企业各业务之间的沟通成本与协调成本，在技术探索和产品开发过程中快速达成统一，从而能帮助企业在较短时间内赋予原有技术和产品新的附加功能和更强的竞争力，加速产品系统性能优化。旧技术重组融合能以更低的研发和沟通成本实现产品与业务间的知识转移，有利于企业在熟悉的知识储备中进一步挖掘单个技术元素的利用方式，并积累重组这类技术知识的丰富经验，从而帮助企业迅速获取超越同类竞争者的利用式产品创新收益。而新技术渗透融合不仅能弥补现存技术重组有限的缺陷，还能在不抛弃已有技术知识的基础上通过整合外部新技术和新知识，从而避免企业陷入核心刚性和单一思维模式陷阱，为企业技术创新提供新思路，促进企业开展突破式产品创新。结合实证研究结论，企业在替代性技术融合、互补性技术融合、新旧技术融合等不同技术融合模式影响下，在产品创新过程中可以采取以下策略。

1. 跨学科团队建设

组建多学科的研发团队，以确保团队成员在不同领域具有专业知识，确保技术融合时的无缝协作。跨学科团队的建设对于成功推动技术融合至关重要。在组建多学科的研发团队时，首先要考虑到不同领域的专业知识，确保团队成员具备广泛的技术背景。例如，在开发智能医疗设备的项目中，团队可以包括医学专家、电子工程师、数据科学家和用户体验设计师。这样的跨学科构成有助于深入理解医疗行业需求，同时融合电子技术和数据分析，以提供更全面的解决方案。为了确保技术融合时的无缝协作，团队成员之间的沟通和合作至关重要。采用一体化的协作工具和项目管理平台，如 Slack、JIRA 等，能够提高团队的信息共享和协同效率。以医疗设备项目为例，通过定期的交叉领域工作坊和项目更新会议，医学专家可以向工程师解释患者需求，而工程师也可以分享最新的技术进展，从而实现无缝的协作。数据可支持跨学科团队的有效运作。分析过去项目的成功经验和失败教训，可以提供宝贵的经验教训，帮助团队更好地应对技术融合的挑战。同时，通过调查团队成员的技能和兴趣，可以更好地分配任务，确保每个成员都能充分发挥其专业优势。有效的领导力也是跨学科团队成功的关键。领导者需要具备跨学科团队管理的技能，促使不同领域的专家共同追求共同的目标。这可以通过鼓励开放的沟通氛围、奖励团队协作和提供培训机会来实现。在具体的项目中，一个成功的跨学科团队可以显著提高新产品的创新性和市场适应性。数据表明，跨学科研究团队更有可能产生高水平的创新输出，并在市场上取得更大的成功。因此，通过深入理解不同学科领域的专业知识，强调协作和有效领导，企业可以更好地激发跨学科团队的潜力，推动技术融合新产品的成功开发。

2. 实施市场导向型创新

市场导向型的创新是企业产品创新中至关重要的战略，它强调通过深入洞察市场需求，将客户的期望融入产品设计和开发的全过程，从而确保最终产品在市场上具备强大的竞争力。在实施市场导向的创新时，首先需要进行全面的市场研究。通过分析市场趋势、竞争对手、客户行为等因素，企业能够更好地了解市场的动态。例如，苹果公司在推出iPhone之前深入了解了智能手机市场，挖掘了用户对更直观、便携和功能强大设备的需求，从而成功创造了一款颠覆性的产品。定期进行用户调研也是市场导向创新的关键。通过收集用户反馈、意见和需求，企业可以更加精准地了解市场需求，并及时调整产品设计。亚马逊的成功部分归因于其对用户评价的高度重视，根据用户的建议不断优化产品和服务。采用敏捷开发方法是将市场导向创新融入产品开发的有效手段。敏捷开发强调快速迭代、及时响应市场反馈，有助于企业更灵活地调整产品特性以适应不断变化的市场。例如，软件公司采用敏捷开发，通过不断推出新功能和改进，保持了其创意软件在市场上的领先地位。数据分析和大数据技术的应用也为市场导向的创新提供了强大支持。通过分析海量的市场数据，企业可以挖掘潜在的市场机会、预测用户需求趋势，有助于精准制定市场导向的创新战略。例如，有企业利用大数据分析用户观看习惯，成功制作出深受用户喜爱的原创内容，推动了其市场份额的增长。在市场导向创新中，企业还需要建立紧密的客户关系。通过与客户的密切互动，企业可以更好地理解他们的需求、关切和期望，从而更准确地定位产品的市场价值。苹果的零售店体验就是一个成功的例子，它通过提供愉悦的购物环境，增强了客户对苹果品牌的忠诚度。综合而言，市场导向的创新是企业成功开发新产品的关键因素之一。通过深入市场研究、积极收集用户反馈、采用灵活的开发方法以及运用先进的数据分析技术，企业可以更好地洞察市场需求，为产品开发提供有力支持，实现在竞争激烈的市场中的差异化优势。

3. 智能产业生态链建设

智能产业生态链的建设是企业成功推动新产品发展、培育创新的战略性举措。这一生态系统不仅鼓励不同领域的企业和创新者进行合作，还为整个产业链的各个环节提供了更广阔的发展空间。首先，建设智能产业生态链需要企业积极寻找合作伙伴，形成跨领域的联盟。通过合作伙伴关系，企业可以共享资源、技术和市场渠道，提高整体创新能力。

例如，云计算巨头阿里巴巴就在智能城市领域与各种企业建立合作伙伴关系，通过整合各方资源，推动智能城市解决方案的创新与推广。在智能产业生态链中，创新者和初创公司也扮演着关键的角色。企业可以通过设立孵化器、创业基金等机制，吸引更多的创新者加入生态系统。例如，谷歌旗下就设有实验室，专注于孵化并推动未来潜在的技术创新，推动公司更深度地参与新兴技术的研发。数据共享是智能产业生态链中不可或缺的一环。企业之间、不同环节之间的数据共享，有助于提高生态系统的整体效率和智能化水平。例如，智能制造领域的企业可以共享生产数据，优化生产流程，提高生产效益。某国际数据公司的报告，通过数据共享，全球制造业将在未来几年内实现巨大的经济效益。标准化也是智能产业生态链建设的重要一环。通过建立共同的标准，各方更容易进行合作，降低融合难度。例如，物联网行业制定了一系列标准，促使各种智能设备和系统更好地协同工作，推动物联网技术的广泛应用。政府的支持和引导同样是智能产业生态链建设中不可或缺的一部分。政府可以通过制定支持政策、提供资金支持等方式，激励企业和创新者积极参与智能产业生态链建设。例如，中国政府推动的“新基建”计划，鼓励智能交通、智能城市等领域的发展，加速了智能产业生态链的形成。综合而言，智能产业生态链的建设是推动新产品发展的关键策略之一。通过建立合作伙伴关系、吸引创新者、数据共享、标准化和政府支持，企业能够在更加开放、协同的环境中推动创新，实现产品和服务的全面升级。这一生态链不仅推动了企业自身的创新，也有助于整个行业的可持续发展。

4. 风险管理与持续优化

风险管理与持续优化是企业在技术融合下产品创新中的关键战略，有助于降低不确定性、应对挑战，并确保产品在不断变化的市场和技术环境中持续成功。首先，风险管理在技术融合中起到至关重要的作用。企业需要采用系统性的风险管理方法，对潜在的技术融合带来的风险进行全面识别、评估和规避。例如，当企业将新技术整合到产品中时，可能面临技术兼容性、知识产权纠纷等风险。通过建立专门的风险评估团队，企业可以更好地识别潜在问题并制订相应的风险缓解计划。数据可支持风险管理的有效执行。通过历史数据和行业案例的分析，企业可以更好地了解技术融合过程中可能发生的问题，并制定相应的风险应对策略。例如，对于替代性技术的引入，企业可以通过分析类似行业的先例，预测新技术可能的市场接受度和潜在问题。与此同时，持续优化产品是保持竞争力的关键。企业应当建立灵活的产品开发流程，使其能够根据市场反馈和技术变化进行快速调整。通过采用敏捷开发方法，企业可以实现产品的快速迭代，及时修复和改进产品，以适应不断演进的市场需求。例如，互联网公司常常通过不断更新软件版本，根据用户反馈进行调整，从而提供更符合用户期望的产品体验。客户反馈和市场数据的积极收集也是持续优化的关键因素。通过用户调研、市场调查和数据分析，企业可以深入了解用户需求和市场趋势，从而更有针对性地进行产品优化。例如，电子商务平台通过分析用户行为数据，了解用户购物偏好，不断调整平台界面和推荐算法，提高购物体验和销售效果。另外，建立反馈机制和闭环系统是持续优化的有效手段。通过引入用户反馈、市场反馈的循环，企业可以及时调整产品策略，确保产品在市场中的持续成功。例如，汽车制造商引入车辆远程诊断系统，通过实时收集车辆性能数据，及时发现潜在问题并提供远程升级，不仅提高了产品质量，也增强了用户满意度。总体而言，风险管理与持续优化是产品创新过程中不可或缺的双轮驱动。通过科学的风险管理方法，企业可以预测并规避潜在的问题，确保技术融合过程的平稳进行；而通过持续优化，企业可以不断提升产品的市场适应性和竞争力，实现在不断变化的商业环境中的持续成功。

5. 制定明智的专利战略

专利战略在跨领域技术融合中的制定是企业保持竞争优势和防范知识产权风险的战略性考量。企业需要在保护自身创新的同时，避免侵犯他人专利权，确保在技术融合的复杂环境中能够稳健地推进新产品的开发。首先，企业应该通过全面的专利调研来了解当前技术领域的专利格局，把握竞争对手的技术布局。通过分析竞争对手的专利战略，企业可以更好地理解行业动态和关键技术趋势，为制定自身专利战略提供有力支持。例如，苹果公司在智能手机领域通过大量专利的申请和持有，有效地保护了其iPhone的关键技术，确保了在市场上的竞争地位。其次，建立明智的专利组合是专利战略的核心。企业应该选择对其业务目标最为关键的技术进行专利保护，避免过于分散的专利投入。同时，通过构建强有力的专利组合，企业能够更好地抵御潜在的侵权威胁。谷歌的搜索引擎技术就构建了庞大而深厚的专利组合，为其在搜索领域的市场霸主地位提供了坚实的法律保障。随着技术融合的不断发展，企业还需要注重跨领域的专利布局。这意味着企业应该在相关领域广泛申请专利，以确保在技术融合时能够在多个领域拥有坚实的法律地位。例如，物联网技术的发展催生了跨领域的创新，企业需要在物联网、云计算、人工智能等多个领域申请专利，以适应不同技术的交叉应用。此外，企业还应采用灵活的专利战略，包括合作和交叉许可等形式，以共同应对技术融合带来的挑战。通过与其他企业建立战略性的专利联盟，企业可以更好地共享技术、降低专利侵权的风险。IBM就通过与多家企业建立专利联盟，实现了技术创新的共享，推动了整个行业的发展。在专利战略的执行过程中，企业还需要密切关注法律和监管环境的变化，及时调整专利战略以应对潜在的法律风险。例如，一些国家对于软件和生物技术等领域的专利法规可能发生变化，企业需要及时了解并调整其专利战略以适应法律环境的演变。总体而言，明智的专利战略是企业在跨领域技术融合中保持竞争优势的利器。通过深入调研、灵活布局、与他人合作，企业可以更好地保护自身创新，避免知识产权风险，推动技术融合时的成功产品创新。

（二）技术标准化影响下企业创新策略分析

根据本书实证研究结论发现，技术标准化能力在跨领域技术融合与企业产品创新绩效关系中存在重要的中介作用。技术在其进化过程中，一开始都是由一个个单一简单的技术不断组合形成各种新的技术模块，再演变成各式各样复杂的技术形式。技术标准化是指对产品技术知识进行系统的编码化处理，代表了企业对某一特定产品的结构和功能在设计原理上的知识和经验的集成。技术标准化能力较强的企业通过产品不同模块知识技术之间的兼容性、替代性及互补性特征制定一系列技术要求和指导方案，帮助企业成功开发更多新产品。当企业通过跨领域技术融合进行产品创新时，标准的兼容性特征一方面能使来自不同企业不同型号的产品通过统一接口实现相互融通与兼容，从而更好地满足用户的实际需求；另一方面能保障进入市场流通的产品和服务达到基本质量和安全要求，并促进不同产品和服务之间的相互协同。因此，技术标准化能力在跨领域技术融合与产品创新绩效中存在重要的中介作用：一方面，通过约束复杂多样的技术选择行为，将技术创新发展纳入效率轨道；另一方面，标准的兼容性特征和编码化过程能为企业建立一个开放、坚固、组织良好的技术基础结构，为技术融合及新产品的成功研制提供所需平台。结合实证研究结论，企业在技术标准化影响下，在跨领域技术融合及创新过程中可以采取以下策略。

1. 积极参与标准制定

积极参与技术标准的制定是企业在技术融合中保持竞争优势的战略性举措。通过在标准制定的过程中积极参与和推动，企业能够更好地影响行业的技术规范，确保自身创新与行业标准相契合，从而提高市场竞争力。首先，企业可以通过加入国际、国家或行业标准组织，积极参与标准的制定过程。例如，5G 技术的标准制定就是由国际电信联盟（ITU）和第三代合作伙伴计划（3GPP）等组织共同推动的。企业通过在这些组织中的参与，能够在技术融合中发挥更大的影响力，推动行业标准的制定朝着符合企业战略的方向发展。其次，企业可以通过提供自身的技术方案和经验，积极参与标准的技术讨论和制定。例如，无线充电技术的标准化过程中，企业通过向标准制定组织提供其在无线充电技术方面的专业见解和先进经验，成功推动了标准的发展方向，确保了自身技术在市场上的领先地位。在标准制定的过程中，数据和案例的支持也是至关重要的。企业可以通过收集并分享相关的技术数据、市场需求和实际案例，为制定具有实际可行性的标准提供有力支持。例如，智能家居领域企业在标准化过程中，通过提供家庭生活数据和用户体验反馈，促使标准更贴近实际使用场景，推动了标准的健康发展。此外，建立行业联盟和合作伙伴关系也是积极参与标准制定的有效途径。企业可以与其他同行业的企业、研究机构等建立合作关系，集体提出标准制定的建议和要求，形成更大的合力。例如，电动汽车产业中，各大汽车厂商通过建立联盟，共同推动电池充电标准的制定，促进了整个电动汽车产业的协同发展。总体而言，积极参与技术标准的制定是企业在技术融合中保持竞争优势的重要战略。通过在标准制定过程中发挥积极作用，企业不仅能够更好地塑造行业标准，确保其创新与标准相契合，还能提高市场竞争力，成为行业技术的引领者。

2. 建立开放式标准平台

建立开放式标准平台是企业在技术融合时促进创新的战略性举措。通过创建这样的平台，企业能够鼓励产业内各方共同参与，降低市场准入门槛，推动不同领域的技术互通和协同创新。首先，开放式标准平台的建立要注重跨领域的合作。企业可以通过与其他公司、研究机构、初创企业等形成联盟，共同在平台上分享和交换各自的技术、数据和创新成果。例如，云计算领域的开放式标准平台由多家科技公司共同推动，为云服务提供了一套开放、通用的标准，促进了整个云计算生态系统的发展。其次，开放式标准平台需要以开源的方式进行管理，以吸引更多的开发者和创新者参与。通过开源模式，企业可以在平台上共享源代码，使更多人参与技术的共同构建。举例来说，安卓作为一个开源的移动操作系统，吸引了全球范围内的开发者参与，推动了移动设备领域的快速发展和创新。开放式标准平台还可以通过提供开放的应用编程接口（API）来促进技术融合。通过开放的 API，不同公司的产品和服务可以更容易地集成在一起，实现更高水平的互操作性。互联网金融行业的开放银行 API 就提供了一个典型例子，各家银行可以通过这一平台共享金融服务的API，推动了金融科技的蓬勃发展。在开放式标准平台中，数据的共享也是至关重要的一环。企业可以通过开放数据接口，共享有关产品、市场、用户行为等方面的数据，促使更多创新和商业模式的涌现。例如，气象领域的开放数据平台，为气象科研、气象服务提供了大量实时数据，推动了气象预测和相关行业的发展。最后，企业要在开放式标准平台中注重安全和隐私保护。通过采用安全技术和隐私政策，企业确保在平台上进行的数据交换和合作是可信的。这不仅有助于建立信任，也为更多的参与者提供了一个安全的合作环境。综合而言，建立开放式标准平台是企业在技术融合中促进创新的有效途径。通过跨领域的合作、开源模式、API提供、数据共享和安全保障，企业可以激发更广泛的创新力量，推动不同领域的技术互通和协同创新，从而在竞争激烈的市场中保持领先地位。

3. 灵活适应标准变化

灵活适应标准变化是企业在快速变化的技术环境中保持竞争优势的战略性举措。随着技术的不断演进和行业标准的不断更新，企业需要具备敏捷性，能够迅速调整产品和技术方向，以确保与市场保持同步，提升竞争力。首先，企业应当建立敏感的市场监测系统，及时捕捉技术标准的变化和行业趋势。通过数据分析和市场调研，企业可以更全面地了解市场需求的变化，以及竞争对手采用的新技术和标准。例如，智能手机行业对5G技术的快速响应，各大厂商纷纷推出支持5G的新产品，以满足用户对高速网络的需求。其次，企业需要建立灵活的研发和创新机制，以便在技术标准发生变化时能够快速作出响应。采用敏捷开发方法，通过迭代和快速试错，企业可以更灵活地调整产品设计和技术架构。例如，软件行业采用的持续集成和持续交付（CI/CD）模式，使得软件开发可以更加灵活地适应新的技术标准和用户需求。此外，企业应当注重人才培养，确保团队具备适应新技术标准的能力。通过培训和招聘具有跨学科知识背景的人才，企业可以更好地理解和应对不同领域的技术标准变化。例如，人工智能领域的快速发展要求企业拥有既擅长算法设计又了解行业应用的人才，以更好地适应标准的更新。在产品设计阶段，企业还可以采用模块化设计和开放式接口，使产品更易于升级和适应新的技术标准。模块化设计使得产品的各个组成部分可以独立开发和更新，从而更方便地适应新的技术要求。例如，电子设备制造商设计产品时采用可拆卸的模块化结构，以便在新技术出现时更容易进行硬件升级。最后，与行业组织和标准制定机构保持密切的合作也是灵活适应标准变化的关键。通过积极参与标准制定的过程，企业可以更早地了解新标准的方向，从而在产品开发中提前进行准备。例如，物联网领域企业与物联网联盟合作，共同制定行业标准，以推动物联网技术的发展和应用。综合而言，灵活适应标准变化是企业在竞争激烈的技术环境中保持竞争优势的关键因素。通过敏锐的市场洞察、灵活的研发机制、人才培养、模块化设计以及与行业组织的合作，企业可以更好地应对技术标准的不断变化，实现在市场中的持续成功。

4. 建立合作伙伴关系

建立合作伙伴关系是企业在技术融合时推动创新的关键策略。通过与其他企业、研究机构建立密切的协作关系，企业能够共同参与技术标准的制定、产品研发等多个层面的工作，实现整个产业链创新水平的提升。首先，企业可以通过参与产业联盟来建立合作伙伴关系。产业联盟是企业、研究机构和其他利益相关者之间的协作平台，通过共同制定技术标准、分享最佳实践和资源，推动整个行业的创新。例如，智能汽车领域有项目就是由多家汽车制造商和技术公司组成的开源联盟，旨在推动汽车软件的标准化和创新。其次，企业可以在研发方面与其他企业建立合作伙伴关系。共同投资和合作开发项目，可以加速新技术的研发和推广。例如，在半导体领域，英特尔与台积电建立了合作伙伴关系，共同推动先进半导体制程的研发，实现技术的跨足和提升整个产业的水平。在标准制定方面，与行业内其他重要参与者合作是推动技术融合创新的有效途径。通过共同参与国际标准组织或制定行业内部标准，企业可以更好地影响技术标准的方向，确保自身技术能够融入行业标准。例如，

Wi-Fi联盟由多家通信和电子公司组成，共同推动Wi-Fi技术标准的发展，促进了无线网络技术的创新与应用。合作伙伴关系还可以涵盖供应链的不同环节，通过与供应商、合作伙伴和客户建立紧密的协作关系，实现整个价值链的优化。例如，快速消费品行业中的零售商与供应商建立紧密的合作伙伴关系，共同应对市场需求的变化，推动产品创新与优化。最后，跨国合作是推动技术融合创新的全球性战略。企业可以通过国际合作，获取全球范围内的专业知识和资源，拓展市场。例如，国际合作可以带来来自不同文化、背景和专业领域的创新思维，推动全球性问题的解决，加速新技术的发展。综合而言，建立合作伙伴关系是企业在技术融合中推动创新的关键步骤。通过在产业联盟、研发项目、标准制定和全球合作中的积极参与，企业能够与行业内的伙伴协同努力，提高整个产业链的创新水平，取得共赢的业绩。

5. 关注国际标准

在全球化的商业环境中，企业关注和遵循国际标准是确保产品和服务在国际市场上竞争力的关键战略。积极参与国际标准化组织，如国际标准化组织（ISO）和国际电工委员会（IEC），不仅有助于提高产品质量和安全性，还能促进全球市场的通用性，以下是这一战略的更多细节和例证。首先，积极参与国际标准制定是企业确保产品符合全球最佳实践的关键一步。通过参与ISO和IEC等国际标准化组织的工作组，企业可以深入了解全球产业趋势，为其产品制定先进的技术规范。例如，ISO 9001是全球通用的质量管理体系标准，企业通过融入这一标准，不仅提高了产品质量，还在国际市场上赢得了客户的信任。其次，关注国际标准可以提升企业的国际市场竞争力。许多国际性的采购和合作项目要求符合特定的国际标准，只有具备这些标准认证的企业才能参与。例如，ISO 14001是环境管理体系的国际标准，企业通过获得该认证，不仅展现了对环保的承诺，还能够在国际竞争中脱颖而出。最后，国际标准有助于企业降低在全球范围内运营的成本。通过遵循国际标准，企业可以实现全球生产和供应链的标准化，提高效率，减少冗余。例如，

ISO 45001是国际性的职业健康与安全管理体系标准，企业在全球范围内采用这一标准，能够规范安全操作流程，提高员工工作环境的一致性。此外，积极参与国际标准化工作还能够为企业树立行业领导者的形象。成为标准制定的积极参与者，企业能够在全球范围内展示其在技术和创新方面的领先地位。例如，通过在5G通信标准的制定中发挥积极作用，企业不仅能够引领技术发展，还能够在市场上取得竞争优势。最后，关注国际标准也有助于企业在国际贸易中避免技术障碍。很多国家和地区对产品的市场准入要求符合特定的国际标准，积极遵循这些标准有助于企业避免因不符合技术规范而面临的贸易壁垒。例如，欧盟对一些产品的市场准入要求CE认证，而CE认证的依据正是符合相关的国际标准。综合而言，关注和遵循国际标准是企业在全球化环境中保持竞争优势的关键战略。通过积极参与国际标准化组织、取得认证、提高效率和树立领导者形象，企业能够在全球市场中赢得更多机会，实现可持续发展。

（三）环境不确定性下企业创新策略分析

根据实证研究结果显示：一方面，技术动荡性负向调节跨领域技术融合与企业产品创新绩效之间的关系。技术环境的复杂性和难以预测性不可避免地会对企业创新造成一定困扰，同时也会在企业产品创新过程中为其带来新的挑战。在技术难以预测的不确定性环境中，企业既有的知识结构和技术发展模式易被快速淘汰，使得企业在复杂多变的技术环境中很难明晰正确的发展方向。同时，在企业不断调整其技术选择行为以适应快速变化的技术环境的过程中，从技术开发到产品成型最后再到投放市场的过程通常会存在时滞问题，动荡的技术环境会增加产品开发不确定性，并加大意料之外的失败风险。尤其对于新能源汽车等战略性新兴产业，各技术模块基础知识可能来源于不同技术领域，技术复杂性与不确定性的增加，会使企业在产品方向、特征、目标市场、制造责任等一系列内部协调方面的问题也会随之增多，从而导致更为耗时的实验过程和返工开发。因此，当企业面临的技术发展环境波动比较大时，快速变革的技术形态会毁灭企业知识基础和资源所赋予的价值潜能，从而不利于跨领域技术融合对产品创新绩效的进一步提升。另一方面，除替代性技术融合以外，市场动荡性正向显著调节其余三种技术融合模式与企业产品创新绩效之间的关系。顾客需求及偏好的快速变化、市场竞争强度加剧以及产品生命周期不断缩短等市场因素促使企业越发重视通过技术融合实现产品开发。动荡的技术环境一方面使得企业必须扩大研发投入，通过开发新技术和新产品帮助企业捕捉更多跨市场战略机遇；另一方面促使企业必须加强与消费者、供应商和零售商等外部组织的互动与交流，通过合作创新帮助企业开发更多新产品。因此，企业所处市场环境越动荡，跨领域技术融合越有利于促进产品创新绩效的提升。然而，值得注意的是，在市场动荡性调节跨领域技术融合与产品创新绩效的关系中，替代性技术融合与企业产品创新绩效之间的关系并未受到市场动荡性的显著影响。可能的原因是：替代性技术融合主要是在保持原有产品核心价值的基础上促使企业在较短时间内赋予原有技术和产品新的附加功能和更强的竞争力，所开发的产品大多也是在原有基础上进行改良或改进的产品。也就是说，替代性技术融合更多是在原有产品结构、外观或功能用途等细微处进行改良和改造，产品现有客户群体及市场规模并未发生较大变动，也不需要重新开发新的市场需求。因此，替代性技术融合与产品创新绩效之间的关系并不会受到市场动荡性的显著影响。

企业是市场主体和经济社会发展的重要力量，企业创新已成为我国科技创新事业的重要策源地。当前，全球新一轮科技革命和产业变革方兴未艾，科技创新正加速推进，为强化企业科技创新主体地位，优化创新布局，打通从科技强到产业强、经济强、国家强的关键通道。本文结合实证研究结论，分别从技术不确定性与市场不确定性出发，为企业创新提出相应的管理启示与策略建议，希望为我国企业在快速变化的不稳定环境下获取长期竞争优势并实现可持续发展提供理论指导。

为减轻技术不确定性所带来的风险和挑战，企业可以采取以下创新策略。

（1）密切关注技术发展趋势并预测可能的技术变革是企业成功应

对技术不确定性的关键一环。一是可以利用专业的技术监测工具和软件，自动跟踪技术新闻、专利申请、学术文章等前沿技术信息。通过深入分析相关领域的技术专利，可以帮助企业了解正在研发中的新技术和新产品。例如，一家汽车制造商可以通过分析电动汽车相关的专利，预测出未来电池技术和电动驱动系统的可能变革。二是鼓励企业内部的研发团队与高校、研究机构的专家进行交流合作，通过参与行业及学术研讨会获取最新的学术研究成果。企业可以通过支持相关科研项目与学术界建立长期密切联系，以便获得不同视角的技术洞察。例如，一家通信设备公司可以与大学的通信工程研究中心合作，了解5G通信技术等领域的最新进展。三是定期阅读行业相关研究报告，收集行业领军企业的技术信息和创新动向，通过了解行业关键技术发展趋势和分析其技术特点和功能，以便及时调整自己的产品策略。例如，一家医疗设备制造商可以订阅全球最优质的医疗技术市场报告，从中获取有关新型诊断设备、生物医学工程等方面的信息。

（2）在迅速变化的技术环境中，建立敏捷开发流程和风险评估机制是企业成功应对技术不确定性的关键策略之一。敏捷开发强调迅速响应、迭代开发、持续反馈和灵活决策，定期评估技术项目的风险和可行性是确保项目成功的重要步骤。首先，企业可以采用敏捷开发方法，通过建立跨职能团队，共同协商探讨，将项目分解成小的、可管理的具体任务，并进行详细的可行性分析，包括技术可行性、市场可行性、财务可行性等，确保每次迭代都有明确的目标和交付成果。随后，选择合适的风险评估方法，定期召开风险审查会议，邀请项目团队成员和相关部门代表参与，对项目进行全面的风险识别，将风险分为技术、市场、竞争等不同类别，并建立风险响应策略及风险监控机制，定期追踪已识别的风险，对每个风险进行影响和概率评估。最后，企业根据风险评估结果，建立快速决策流程，及时修订项目计划，可能包括调整时间表、资源分配或技术策略等。这有助于确定哪些风险需要更重点关注，及早发现问题并做出调整，使企业更好地适应技术变革带来的不确定性风险。

（3）吸引和培育潜在的技术创新人才，同时营造积极的创新文化，是提高企业技术不确定性应对能力的重要方面。一是可以针对创新项目，制订明确的人才招聘和培养计划。在企业内部创立导师制度，让经验丰富的员工担任新人的导师，传授技术创新经验和方法。定期举办创新培训和工作坊，培养员工的创新思维和技能。二是鼓励不同部门之间的合作和交流，创造出更多的机会让员工分享技术见解。企业应建立内部开放创新平台，允许员工共享他们的技术想法，以便寻找合作伙伴并提供反馈。企业还可设立技术创新奖励计划并定期分享成功的技术创新案例，鼓励员工之间相互学习和从中受到启发。三是在企业内部推崇快速试错和持续迭代的创新文化，鼓励团队从失败中学习，让员工不畏惧失败，将其视为获取经验教训的机会。这将有助于吸引、培养和激励更多具有技术创新潜能的人才，帮助企业在不稳定的复杂环境中获取长期竞争优势并实现可持续发展。

为应对市场不确定性所带来的负面影响，企业可以采取以下创新措施。

（1）定期进行市场调研是企业在应对市场不确定性方面的重要策略之一。通过了解客户需求和市场趋势，企业可以更准确地调整产品和战略，以适应不断变化的市场环境。首先，企业应对目标市场进行深入分析，了解不同细分市场的特点、竞争情况和潜在机会；分析竞争对手的产品、定价、市场份额和营销策略，帮助企业找到自身的优势和差距；还可通过调查问卷、访谈、焦点小组等方法，获取消费者洞察和反馈，这有助于及时调整自己的产品定位和市场策略。其次，通过密切关注行业和市场的趋势，包括技术、社会、经济等方面的变化，帮助企业预测未来市场走向，从而调整产品开发和推广策略。建立反馈追踪机制，在产品上市之前进行产品测试和验证，收集用户对产品的使用体验和意见，这可以帮助企业持续改进产品和服务。最后，企业可以与供应商、分销商及客户等合作伙伴建立紧密联系，分享市场信息和见解。持续的市场调研有助于企业更好地预测市场变化，提前进行合理调整。

（2）建立灵活的供应链网络并采取多元化战略是企业在市场不确

定性环境下保持业务敏捷的重要手段之一。首先，企业应与多个供应商建立合作关系，避免对单一供应商过于依赖；采用信息技术和数字化工具，对供应链进行实时监测和数据分析；实施有效的库存管理策略，比如采用方法平衡库存成本和满足市场需求。其次，企业应建立可以灵活调整产能的生产线和快速响应机制，可以在需要时快速添加或减少生产线，使供应链能够在短时间内灵活做出相应调整。建立供应链可视化系统，并与供应链伙伴一起建立高效的物流网络和分销渠道，以便快速将产品送达客户手中。最后，企业可以持续创新和改进现有产品或服务，以满足市场需求的变化。并在现有产品基础上，推出相关新产品，降低对单一市场的依赖，分散创新风险。这种多元化战略有助于企业在不同市场环境下保持灵活性和竞争优势，提高业务的稳定性和可持续性。

（3）根据市场变化和竞争情况调整定价策略，并建立品牌声誉和客户忠诚度是企业在市场波动和不确定性环境下保持竞争优势的重要举措。一是建立动态定价模型，基于实时数据和市场趋势进行定价调整。企业可采用弹性定价策略，根据产品的供需弹性调整价格；监测竞争对手的定价策略，作出相应调整；针对不同客户群体，将不同产品或服务进行捆绑，采取差异化定价策略。二是致力于提高产品品质和服务，并不断推出新产品或新功能，强调企业品牌价值观和使命感，让客户认同并愿意与之建立长期信任关系。企业可根据客户需求和偏好，提供个性化的产品和服务。建立健全的售后支持体系，帮助客户解决各种售后问题。三是建立客户忠诚计划，奖励重复购买和长期合作的客户。企业可鼓励客户分享积极的体验和评价，通过口碑营销扩大品牌影响力；在出现问题或危机时，积极应对并妥善处理，避免对品牌声誉造成损害。

第三节　创新点与未来研究展望

一、主要创新点

（一）研究选题切合国家发展战略且具有前瞻性

本书首次从技术的本质和技术组合进化的创新机制及其内在特征出发，分析不同技术融合模式对企业产品创新绩效的重要影响。以技术融合为核心推力的第四次工业革命极大地改变了社会组织结构和人们的生活方式，面临工业 4.0 的机遇和挑战，美国、德国、法国等世界多个重要经济体提出以技术融合、产业融合为核心理念的国家战略。《中国制造 2025》的核心思想也是鼓励加快推动新一代信息技术与传统制造技术的深度融合，以改变我国传统制造业自主创新能力有限、产业结构落后的局面。政府将技术融合上升为国家战略正是由于技术融合往往引发一系列革命性创新，甚至创造全新的产业，对引导经济发展及关键技术突破，攻破"卡脖子"技术难题和实现产品创新具有非常重要的研究意义和科学价值。然而，目前鲜有研究分析跨领域技术融合对产品创新的重要影响，本书首次从技术的本质和技术组合进化的创新机制及其内在特征出发，分析不同技术融合模式对企业产品创新绩效的重要影响。该研究不仅弥补了跨领域技术融合对企业产品创新绩效影响的研究空白，也是对技术创新、战略管理等理论的有效补充，为企业有效开展创新战略、提升产品创新绩效并加快产业转型升级步伐提供新的思路。

（二）研究视角独特且研究内容具有一定新意

本书首次基于技术元素之间的关系视角以及知识重组和外部知识不断获取的视角将技术融合分为互补性技术融合、替代性技术融合、旧技术重组融合与新技术渗透融合。随着技术融合的重要性不断增强，越来越多基于技术融合形成的新技术和新产品开始陆续出现在我们的生产和生活当中，但由于融合现象固有的模糊性和复杂性，以往针对技术融合的研究及其分析仅笼统地停留在技术融合度层面，或者简单地从技术融合广度和深度出发进行探讨。本书首次基于技术元素之间的关系视角将技术融合分为互补性技术融合与替代性技术融合；同时基于知识重组理论和外部知识不断获取的视角将技术融合分为旧技术重组融合与新技术渗透融合。本书还进一步分析了四种不同技术融合模式的内在特征及其对产品创新绩效的影响机制，一方面从战略层面解决了企业技术创新路径的选择问题；另一方面为提高企业自主创新能力提供了新的思路和视角。同时，本书还进一步丰富了技术创新理论，并完善了技术创新与产品开发的研究框架。

（三）研究思路清晰且在一定程度上构建了新的关于协同整合机制下“技术融合—技术标准化能力—产品创新绩效”的重要传导路径

本书发现了技术标准化能力在跨领域技术融合对企业产品创新绩效影响中起着重要的中介作用，提出“技术融合—技术标准化能力—产品创新绩效”的影响路径，并深入剖析了不同类型技术融合模式在技术标准化能力作用下对企业产品创新绩效的影响机制。技术标准化是对产品技术知识进行系统的编码化处理，代表了企业对某一特定产品的结构和功能在设计原理上的知识和经验的集成，标准的兼容性特征能使来自不同企业不同型号的产品通过统一接口实现相互融通与兼容，从而更好地满足用户的实际需求。企业若想在市场全球化进程中实现多种技术协同演化并获取持续竞争优势，还需技术标准化能力的协调与保障。然而，目前鲜有文章发现技术标准在跨领域技术融合与产品创新绩效之间的重要中介作用，本书基于标准模块化分析与创新理论分析，首次从技术的本质和技术组合进化的创新机制出发，深入剖析技术融合、技术标准化能力与产品创新绩效之间的内在机制，一方面拓展了技术创新到产品创新绩效影响的研究路径；另一方面也是对标准模块化和创新相关理论的完善与丰富。

（四）测度方法科学合理且具有一定创新性

本书首次结合专利共现分析、面板数据模型、技术数据模型对跨领域技术融合与产品创新活动展开定量分析，通过专利 IPC 号的耦合结构与替代关系分别对互补性与替代性技术融合进行测度。以往研究虽然明确指出技术融合发生的过程实质上是各种技术替代和多种技术互补的结果，同时也有学者明确提出了“互补性融合”与“替代性融合”的理论概念，但由于融合现象固有的模糊性和复杂性，技术融合的测度和分析一直是学术界研究的难题，针对技术融合的定量分析目前也只是笼统地停留在技术融合度层面。本书结合技术融合的内在特征，参照对知识耦合的测度方法，通过专利 IPC 号的耦合结构与替代关系分别对互补性与替代性技术融合进行测度，一方面在理论上实现了对互补性与替代性技术融合测度方法的创新；另一方面为企业技术演变提供了定量的预测工具。

二、研究不足与未来展望

本书选题“跨领域技术融合与企业产品创新”具有一定新意，从技术的本质和技术组合进化的内在机制及其特征出发，通过我国新能源汽车产业所有企业对跨领域技术融合、技术标准化能力、环境动荡性以及产品创新绩效之间的关系展开实证研究，所得研究结论在理论上作出了一定创新和贡献。但碍于数据采集难度及个人研究能力有限等，本书仍存在一些不足之处，后续研究可以针对以下几方面进行进一步完善和改进。

第一，专利数据是分析技术跨领域交叉融合与行业技术发展趋势的重要途径，现有研究也普遍认可基于专利数据和国际 IPC 分类号对技术融合进行测度分析，但由于技术融合过程的复杂性和多维性，本书仍存在仅从单一层面解析技术融合的局限。后续研究可以将专利引文分析和不同层次的技术领域分类方法纳入同一分析框架，以深入研究跨领域技术融合的特征和动态演化轨迹。通过综合运用专利引文分析，揭示不同技术领域之间的关联和演化路径，识别技术融合的潜在模式和机制。同时，结合不同层次的技术领域分类方法，可以有效划分和识别跨领域技术融合的特征和趋势，为企业和政策制定者提供更准确的预测工具和决策支持。

第二，在利用计量经济模型分析跨领域技术融合对产品创新产出的影响时，受限于数据采集难度等原因，本书仅采用中国新能源汽车单一行业样本数据进行分析，所得结论可能只能从理论层面单方面考察新能源汽车产业技术演化特征，不具备全产业范围推断能力。因此，后续研究可以进一步收集其他产业的数据，结合多个不同产业进行比较分析，以探索不同产业在跨领域融合创新和技术发展方面的共同特征和差异。后续研究可通过跨产业比较分析，深入了解不同产业面临的技术挑战、创新机遇和发展模式，为企业构建更为普适和可行的技术发展路径提供具体指导和建议，进而有助于识别各产业之间的最佳实践和成功经验，为企业制定创新战略和跨领域合作提供启示，推动产业间的技术交流和共享，促进整体产业的持续创新和发展。

第三，本书样本选取的是新能源汽车产业，而最近几年我国政府为应对气候变化和推动绿色发展，自 2012 年开始陆续制定了很多促进我国从汽车大国迈向汽车强国的一系列战略举措，其中尤为突出的是为推动汽车产业转型升级制定的一系列关于新能源汽车产业发展的扶持政策，比如在新能源汽车制造、出厂、购置及使用等方面所出台的一些相关优惠政策。虽然本书在定量分析中引入了“是否为国有企业”和“外资企业”两个关于企业性质的虚拟变量控制了企业所有权性质对产品创新绩效的影响，但没有从政府对新能源汽车产业扶持政策出发考虑各种不同优惠举措对企业产品创新绩效的影响。因此，后续研究可以从政府扶持政策出发分析不同优惠政策与红利对企业或产业跨领域融合创新及产品创新发展的重要影响，包括政府在资金、税收、知识产权保护、人才培养等方面所采取的支持措施，对企业创新活动和技术整合的推动作用。通过深入研究政府扶持政策的实施和效果，后续研究可以揭示政策措施对企业创新能力、市场竞争力以及产业发展的具体影响机制，为进一步优化政策和提升产业创新能力提供重要参考和借鉴。

插图索引

附表索引

参考文献

[1] 曾德明，王媛，徐露允 . 技术多元化、标准化能力与企业创新绩效 [J]. 科研管理，2019，40(09)：181–189.

[2] 陈亮，张志强，尚玮姣 . 技术融合研究进展分析 [J]. 情报杂志，2013，32(10)：99–105.

[3] 廖磊 . 基于技术融合下的 IT 企业技术创新的动态演化机制 [D]. 南昌：江西财经大学，2009.

[4] 郑明高 . 产业融合发展研究 [D]. 北京：北京交通大学，2010.

[5] 周舒凡 . 吸收能力与环境动荡性视角下技术多元化对企业绩效的影响研究 [D]. 长沙：湖南大学，2016.

[6] 魏智卿 . 外部知识获取、互补性资产与技术创新的关系研究 [D]. 郑州：郑州大学，2014.

[7] 陈劲，陈钰芬 . 企业技术创新绩效评价指标体系研究 [J]. 科学学与科学技术管理，2006，(03)：86–91.

[8] 王渊，张彤，陈立军，等 . 基于资源依赖理论的供应链联盟成因分析及其发展策略 [J]. 科技进步与对策，2006(04)：173–176.

[9] 禹献云 . 协作研发网络演化及其对技术创新的影响研究 [D]. 长沙：湖南大学，2013.

[10] 邹思明 . 网络嵌入性社会资本对企业技术标准化能力的影响研究 [D]. 长沙：湖南大学，2015.

[11] 郑素丽，章威，吴晓波 . 基于知识的动态能力：理论与实证 [J]. 科

学学研究，2010，28(03)：405–411，466.
[12] 许晖，李文 . 高科技企业组织学习与双元创新关系实证研究 [J]. 管理科学，2013，26(04)：35–45.
[13] 刘锋 . 从技术的本质特征谈现阶段化工生产企业技术管理的不足与改进 [J]. 化工管理，2018(35)：211–212.
[14] 王媛，曾德明，陈静，等 . 技术融合、技术动荡性与新产品开发绩效研究 [J]. 科学学研究，2020，38(03)：488–495.
[15] 邹思明，曾德明，张利飞，等 . 网络关系、技术多元化与企业技术标准化能力 [J]. 科研管理，2017，38(09)：12–20.
[16] 布莱恩 · 阿瑟 . 技术的本质 [M]. 曹东溟，王健，译 . 杭州：浙江人民出版社，2010.
[17] 曾德明，邹思明，张运生 . 网络位置、技术多元化与企业在技术标准制定中的影响力研究 [J]. 管理学报，2015，12(02)：198–206.
[18] 刘康，刘西怀 . 基于学科视角的技术融合度研究：以中国知网技术标准共类分析为例 [J]. 科技管理研究，2017，37 (24)：33–38.
[19] 刘凤朝，马荣康，孙玉涛 . 基于专利技术共现网络的纳米技术演化路径研究 [J]. 科学学研究，2012，30(10)：1500–1508.
[20] 冯科，曾德明 . 技术融合距离的聚类特征与影响因素：基于大规模专利数据的实证研究 [J]. 管理评论，2019，31(08)：97–109.
[21] 陶长琪，廖磊 . 基于技术融合的 IT 业专利宽度研究 [J]. 科研管理，2010，31(04)：31–38.
[22] 邱均平，杨强 . 技术融合的计量分析：以 4 种新兴信息技术为例 [J]. 图书情报工作，2014，58(14)：90–97.
[23] 沈蕾，靳礼伟 . 我国科技服务业与制造业技术融合对产业结构升级的影响 [J]. 科技进步与对策，2015，32(08)：67–70.
[24] 张翠芳，陈海涛，涂海燕 . 战略性新兴产业军民技术融合研究 [J]. 科技进步与对策，2015，32(11)：93–97.
[25] 赵玉林，李丫丫 . 技术融合、竞争协同与新兴产业绩效提升：基

于全球生物芯片产业的实证研究 [J]. 科研管理，2017，38(08)：11-18.
[26] 时建中，陈鸣 . 技术标准化过程中的利益平衡：兼论新经济下知识产权法与反垄断法的互动 [J]. 科技与法律，2008(05)：45-50.
[27] 郭斌，刘鹏，汤佐群 . 新产品开发过程中的知识管理 [J]. 研究与发展管理，2004(05)：58-64.
[28] 刘恩初，李健英 . 技术标准与技术创新效率关系实证研：基于随机前沿模型 [J]. 研究与发展管理，2014，26(04)：56-66.
[29] 冯科 . 协作研发网络提升企业对技术标准制定的影响力研究 [D]. 长沙：湖南大学，2014.
[30] 孙耀吾，胡林辉，胡志勇 . 技术标准化能力链：高技术产业技术能力研究新维度 [J]. 财经理论与实践，2007(06)：95-99.
[31] 伍燕妩，陈道珍，曾德明，等 . 企业技术标准化能力指标设定与测度 [J]. 科技与管理，2005(03)：51-53.
[32] 王珊珊，武建龙，王宏起 . 产业技术标准化能力的结构维度与评价指标研究 [J]. 科学学与科学技术管理，2013，34(06)：112-118.
[33] 孙耀吾，赵雅，曾科 . 技术标准化三螺旋结构模型与实证研究 [J]. 科学学研究，2009，27(05)：733-742.
[34] 戴海闻，曾德明，张运生 . 关系资本、双元创新与高技术产业主导设计 [J]. 科研管理，2020，41(02)：220-229.
[35] 潘海波，金雪军 . 技术标准与技术创新协同发展关系研究 [J]. 中国软科学，2003(10)：110-114.
[36] 王世明，吕渭济，梅晓仁 . 自主技术标准与技术创新的互动关系研究 [J]. 科学学与科学技术管理，2009，30(02)：40-44.
[37] 赵树宽，余海晴，姜红 . 技术标准、技术创新与经济增长关系研究：理论模型及实证分析 [J]. 科学学研究，2012，30(09)：1333-1341，1420.
[38] 欧光军，雷霖，杨青，等 . 高技术产业集群企业创新集成能力生态

整合路径研究 [J]. 软科学，2016，30(02)：33–38.
[39] 郭亮，綦良群，于渤 . 企业技术集成能力基因结构模型研究 [J]. 科研管理，2019，40(09)：211–220.
[40] 曾德明，伍燕妩，吴文华 . 企业技术标准化能力指标体系构建 [J]. 科技管理研究，2005(08)：168–171.
[41] 伍燕妩，陈道珍，曾德明，等 . 企业技术标准化能力指标设定与测度 [J]. 科技与管理，2005(03)：51–53.
[42] 王道平，韦小彦，邹思明，等 . 技术标准联盟主导企业标准化能力研究 [J]. 中国科技论坛，2017(02)：92–97.
[43] 张晓昱，朱慧明，吴宣明 . 动态环境调节下财务冗余结构对企业绩效的影响研究——以中国制造业为例 [J]. 软科学，2014，28(08)：125–129.
[44] 陈立勇，周舒凡，邹思明，等 . 技术多元化对企业绩效的影响 [J]. 中国科技论坛，2016(03)：88–92.
[45] 谢洪明 . 市场导向与组织绩效的关系——环境与组织学习的影响 [J]. 南开管理评论，2005(03)：47–53.
[46] 朱秀梅，姜洋，杜政委，等 . 知识管理过程对新产品开发绩效的影响研究 [J]. 管理工程学报，2011，25(04)：113–122.
[47] 蒋旭灿，王海花，彭正龙 . 开放式创新模式下创新资源共享对创新绩效的影响——环境动荡性的调节效应 [J]. 科学管理研究，2011，29(03)：5–10.
[48] 朱朝晖 . 探索性学习、挖掘性学习和创新绩效 [J]. 科学学研究，2008(04)：860–867.
[49] 范钧，聂津君 . 企业 – 顾客在线互动，知识共创与新产品开发绩效 [J]. 科研管理，2016，37(01)：119–127.
[50] 张慧颖，李振东 . 创新投入、新产品开发绩效与新产品市场绩效的关系研究——顾客隐性需求的调节作用 [J]. 科学学与科学技术管理，2015，36(12)：128–138.

[51] 张婧，段艳玲．市场驱动型学习对新产品绩效的影响——基于我国制造型出口企业的实证研究 [J]. 科学学研究，2010，28(06)：912–919.
[52] 刘景江，陈璐．创业导向、学习模式与新产品开发绩效关系研究 [J]. 浙江大学学报 (人文社会科学版)，2011，41(06)：143–156.
[53] 王永贵，邢金刚，史有春，等．对市场导向、顾客资产导向与新产品开发绩效之间关系的探索性研究——基于中国背景的调节效应模型 [J]. 南开管理评论，2008(03)：12–19.
[54] 俞仁智，何洁芳，刘志迎．基于组织层面的公司企业家精神与新产品创新绩效——环境不确定性的调节效应 [J]. 管理评论，2015，27(09)：85–94.
[55] 陈力，宣国良．跨功能知识整合对新产品开发绩效的影响 [J]. 科学学研究，2006(06)：921–928.
[56] 廖勇海，刘益，贾兴平．基于 Meta 视角的市场导向、产品创新、产品竞争优势与新产品绩效关系研究 [J]. 研究与发展管理，2015，27(03)：105–113.
[57] 赵文红，原长弘．企业影响政府 / 行业的能力与新产品绩效关系研究 [J]. 科学学研究，2011，29(06)：906–913.
[58] 吴家喜，吴贵生．外部组织整合与新产品开发绩效关系实证研究：以产品创新程度为调节变量 [J]. 科学学与科学技术管理，2008，29(12)：58–62.
[59] 周健明，陈明，刘云枫．知识惯性、知识整合与新产品开发绩效研究 [J]. 科学学研究，2014，32(10)：1531–1538，1551.
[60] 秦剑．研发 / 制造 / 营销跨职能整合与新产品开发：产品创新性的差异效应研究 [J]. 中国管理科学，2014，22(01)：130–138.
[61] 曹勇，孙合林，蒋振宇，等．模糊前端不确定性，知识共享与新产品开发绩效 [J]. 科研管理，2016，37(05)：24–32.
[62] 陈培祯，曾德明，李健．技术多元化对企业新产品开发绩效的影响 [J].

科学学研究，2018，30(06)：1070-1077.
[63] 汪涛，郭锐 . 顾客参与对新产品开发作用机理研究 [J]. 科学学研究，2010，28(09)：1383-1387，1412.
[64] 于晓宇，陶向明 . 创业失败经验与新产品开发绩效的倒 U 形关系：创业导向的多重中介作用 [J]. 管理科学，2015，28,(05)：1-14.
[65] 梁杰，谢恩，唐青青 . 市场导向与新产品开发速度：供应商网络的调节作用 [J]. 研究与发展管理，2015，27(04)：25-35.
[66] 秦书生，陈凡 . 技术系统自组织演化分析 [J]. 科学学与科学技术管理，2003(01)：34-37.
[67] 李宏伟 . 技术进化的社会选择 [J]. 自然辩证法研究，2002(08)：47-49，73.
[68] 苗红，秦立芳，黄鲁成 . 技术管理视角下的会聚技术研究综述 [J]. 科技管理研究，2013，33(07)：228-233.
[69] 杨水利，史童，王春嬉，等 . 产学研合作耦合关系对科技成果转化绩效的影响研究——组织学习的中介作用 [J]. 科技管理研究，2019，39(04)：211-217.
[70] 李丫丫，赵玉林 . 战略性新兴产业融合发展机理——基于全球生物芯片产业的分析 [J]. 宏观经济研究，2015（11）：30-38，46.
[71] 李丫丫 . 高技术产业融合与技术进步协同演化机制研究 [D]. 武汉：武汉理工大学，2012.
[72] 吴绍波，顾新 . 战略性新兴产业创新生态系统协同创新的治理模式选择研究 [J]. 研究与发展管理，2014，26(01)：13-21.
[73] 刘岩，蔡虹，向希尧 . 企业技术知识基础多元度对创新绩效的影响——基于中国电子信息企业的实证分析 [J]. 科研管理，2015，36(05): 1-9.
[74] 王贯中 . 基于生命周期的行业技术选择战略 [J]. 科技管理研究，2010，30(16)：106-109.
[75] 汤文仙 . 技术融合的理论内涵研究 [J]. 科学管理研究，2006(04)：31-34.

[76] 汤建影 . 技术特征对企业技术获取方式的影响——基于中小民营企业的实证研究 [J]. 科研管理，2012，33(09)：40–46.
[77] 崔雪松，王玲 . 企业技术获取的方式及选择依据 [J]. 科学学与科学技术管理，2005(05)：141–144.
[78] 曾德明，周涛 . 企业知识基础结构与技术创新绩效关系研究——知识元素间关系维度新视角 [J]. 科学学与科学技术管理，2015，36(10)：80–88.
[79] 文金艳，曾德明，赵胜超 . 标准联盟网络资源禀赋、结构嵌入性与企业新产品开发绩效 [J]. 研究与发展管理，2020，32(01)：113–122.
[80] 冯科，曾德明 . 协作研发网络结构嵌入性、技术标准集中度与技术融合 [J]. 系统工程，2018，36(06)：1–12.
[81] 曾德明，唐甜，王泓略 . 企业知识基础演变对技术创新绩效的影响 [J]. 软科学，2017，31(10)：6–9，14.
[82]MAINE E, THOMAS V J, UTTERBACK J. Radical innovation from the confluence of technologies: innovation management strategies for the emerging nanobiotechnology industry [J]. Journal of engineering and technology management, 2014, 32: 1–25.
[83]BRÖRING S, MARTIN CLOUTIER L, LEKER J. The front end of innovation in an era of industry convergence: evidence from nutraceuticals and functional foods [J]. R&D Management, 2006, 36(5): 487–498.
[84]DUYSTERS G, HAGEDOORN J. Technological convergence in the IT industry: the role of strategic technology alliances and technological competencies [J]. International journal of the economics of business, 1998, 5: 355–368.
[85]ADNER R, LEVINTHAL D. The emergence of emerging technologies [J]. California management review, 2002, 45(1): 50–66.
[86]GULATI R. Network Location and Learning: The influence of network

resources and firm capabilities on alliance formation [J]. Strategic management journal, 1999, 20(5): 397–420.

[87]HACKLIN F. Management of convergence in innovation: strategies and capabilities for value creation beyond blurring industry boundaries [M]. Berlin: Springer, 2008.

[88]FRENZ M, IETTO-GILLIES G. The impact on innovation performance of different sources of knowledge: evidence from the UK community innovation survey [J]. Research policy, 2009, 38(7): 1125–1135.

[89]CEPEDA G, VERA D. Dynamic capabilities and operational capabilities: a knowledge management perspective [J]. Journal of business research, 2007, 60(5): 426–437.

[90]TEECE D J. Explicating dynamic capabilities: nature and microfoundation [J]. Strategic management journal, 2007, 28(13): 1319–1350.

[91]MORGAN K. The exaggerated death of geography: learning, proximity and territorial innovation systems [J]. Journal of economic geography, 2004, 4(1): 3–21.

[92]NESTA L, SAVIOTTI P P. Coherence of the knowledge base and the firm's innovative performance: evidence from the U.S. pharmaceutical industry [J]. The journal of industrial economics, 2005, 53(1): 123–142.

[93]SCHNAARS S, THOMAS G, IRMAK C. Predicting the emergence of innovations from technological convergence: lessons from the twentieth century [J]. Journal of macromarketing, 2008, 28(2): 157–168.

[94]ANDERGASSEN R, NARDINI F, RICOTTILLI M. Innovation waves, self-organized criticality and technological convergence [J]. Journal of economic behavior & organization, 2006, 61(4): 710–728.

[95]MURMANN J P, FRENKEN K. Toward a systematic framework for

research on dominant designs, technological innovations, and industrial change [J]. Research policy, 2006, 35(7): 925–952.
[96]LICHTENTHALER U. Absorptive capacity, environmental turbulence, and the complementarity of organizational learning processes [J]. Academy of management journal, 2009, 52(4): 822–846.
[97]PAVLOU P A, EL SAWY O A.From it leveraging competence to competitive advantage in turbulent environments: the case of new product development [J]. Information systems research, 2006, 17(3): 198–227.
[98]SONG M, MONTOYA-WEISS M M.The effect of perceived technological uncertainty on japanese new product development [J]. Academy of management journal, 2001, 44(1): 61–80.
[99]CALANTONE R, GARCIA R, DRöGE C. The effects of environmental turbulence on new product development strategy planning [J]. Journal of product innovation management, 2003, 20(2): 90–103.
[100]MILLSON M R, WILEMON D. The impact of changing markets and competition on the NPD speed/market success relationship [J]. International journal of innovation management, 2010, 14(05): 841–870.
[101]SIDHU J S, COMMANDEUR H R, VOLBERDA H W. The multifaceted nature of exploration and exploitation: value of supply, demand, and spatial search for innovation [J]. Organization science, 2007, 18(1): 20–38.
[102]MU J, PENG G, MACLACHLAN D L. Effect of risk management strategy on NPD performance [J]. Technovation, 2009, 29(3): 170–180.
[103]MORRIS M, SCHINDEHUTTE M, ALLEN J. The entrepreneur's business model: toward a unified Perspective [J]. Journal of business

research, 2005, 58(6): 726–735.

[104]VERSPAGEN B. Mapping technological trajectories as patent citation networks: A study on the history of fuel cell research [J]. Advances in complex systems, 2007, 10(01): 93–115.

[105]MAKRI M, HITT M A, LANE P J. Complementary technologies, knowledge relatedness, and invention outcomes in high technology mergers and acquisitions [J]. Strategic management journal, 2010, 31(6): 602–628.

[106]CANKURTARAN P, LANGERAK F, GRIFFIN A. Consequences of new product development speed: a meta–analysis [J]. Journal of product innovation management, 2013, 30(3): 465–486.

[107]DIBIAGGIO L, NASIRIYAR M, NESTA L. Substitutability and complementarity of technological knowledge and the inventive performance of semiconductor companies [J]. Research policy, 2014, 43(9): 1582–1593.

[108]MILLER D J. Technological diversity, related diversification, and firm performance [J]. Strategic management journal, 2006, 27(7): 601–619.

[109]XU S, WU F, CAVUSGIL E. Complements or substitutes? Internal technological strength, competitor alliance participation, and innovation development [J]. Journal of product innovation management, 2013, 30(4): 750–762.